ÖSTERREICHISCHE AKADEMIE DER WISSENSCHAFTEN
PHILOSOPHISCH-HISTORISCHE KLASSE
SITZUNGSBERICHTE, 503. BAND

VERÖFFENTLICHUNGEN DER KELTISCHEN KOMMISSION
NR. 8

ENRICO CAMPANILE

Die älteste Hofdichtung von Leinster

Alliterierende reimlose Strophen

EINLEITUNG, TEXT,
ÜBERSETZUNG, ANMERKUNGEN, GLOSSAR

T0145729

VERLAG DER
ÖSTERREICHISCHEN AKADEMIE DER WISSENSCHAFTEN
WIEN 1988

Vorgelegt von w. M. Gerhard DOBESCH in der Sitzung am 10. Dezember 1986

INHALTSVERZEICHNIS

EINLEITUNG*

Die hier zusammengetragenen Texte, die wenigstens vom typologischen Gesichtspunkt aus die ältesten Denkmäler der altirischen Lyrik darstellen, sind uns in der Leinster-Abteilung eines großen genealogischen Traktats überliefert, der sowohl in Rawl. B 502 wie auch in anderen Handschriften erhalten ist[1]; gelegentlich sind einige von ihnen auch in Werken anderer Art zitiert, wie z. B. im Kommentar zu Amra Choluimb Chille und im Glossar von O'MULCONRY.

Sie werden in den Traktat in Form von Zitaten eingeführt, die das bestätigen und illustrieren sollen, was über Genealogien oder historische Begebenheiten oder sogar über das Etymon eines Namens ausgesagt worden ist, wie es alten, glaubwürdigen und maßgebenden Zeugen zukommt. Für jeden Text wird, wenn er noch bekannt war, der Name seines Verfassers angeführt, ansonsten wird das Zitat durch kurze Sätze wie *ut poeta dixit* oder *amal as-rubart in file* oder *alius dixit* und dgl. eingeführt[2].

Was wenigstens diese poetischen Zitate betrifft, die wir hier herausgeben (ich spreche nur von ihnen, denn die Prosateile sind von uns nicht berücksichtigt worden), ist es sehr wahrscheinlich, daß sie alle aus einem Archetyp kommen, der schon durch vielerlei Korruptelen entstellt war; das wird dadurch bewiesen, daß alle Handschriften einige Fehler solcher Art gemein haben, daß sie dieselbe Quelle voraussetzen. Davon gebe ich hier nur einige Beispiele (jedoch ist zu

---

* Der Verfasser spricht seinen wärmsten Dank Herrn Prof. Dr. WOLFGANG MEID (Univ. Innsbruck) aus, der nicht nur diese Arbeit in die von ihm herausgegebene Reihe aufgenommen, sondern auch das Manuskript revidiert und mit Hinweisen und Verbesserungsvorschlägen bereichert hat. Für die Fehler, die übrigbleiben, ist jedoch nur der Verfasser verantwortlich.

[1] In welchen Handschriften jeder Text enthalten ist, ergibt sich aus der Ausgabe von MEYER (1914) wie auch aus dem kritischen Apparat in O'BRIEN (1962); darauf verweise ich ohne weiteres.

[2] Um den Kontext zu veranschaulichen, in dem die einzelnen Texte zitiert worden sind, wird jedem der entsprechende Prosateil nach der Lesart von Rawl. B 502 – oder, nur einmal (Text 1), von LL – (eventuell nach den übrigen Handschriften verbessert) vorangeschickt.

beachten, daß nicht alle Texte in allen Handschriften vorhanden sind):

(i) Text 1, Z. 6 b: *arddu dōenaib acht nōebrīg nime* „(Labraid ist) erhabener als (alle) Wesen, mit Ausnahme des heiligen Himmelskönigs". CARNEY (1971, 70) hat schon beobachtet, daß diese Einschränkung von der frommen Hand eines Mönchs kommt, der nicht dulden konnte, daß ein Mensch implizit auch über Gott gestellt wird; er schließt daher, daß das Sätzchen *acht usw.* den ursprünglichen Text ersetzt hat. Meiner Meinung nach ist die Interpolation viel umfangreicher und betrifft diese ganze Zeile und auch die vorhergehende; in beiden Fällen ist jedoch die Korruptel allen handschriftlichen Zeugen gemein.

(ii) Text 7, Z. 1: Albs Kinderschar wird in allen Handschriften *bāeth* genannt, das MEYER mit „mutwillig" übersetzte. Aber *bāeth* bedeutet nur „toll, dumm, unverantwortlich(e Person), geil" (offenbar wegen des unkontrollierten Benehmens der Geisteskranken), eine Reihe von Bedeutungen, von denen keine in den eulogistischen Kontext paßt. Der Unsinn verschwindet, wenn wir *baīd* „zärtlich" lesen.

(iii) Text 16, Z. 3: Die Lesart, die die Handschriften aufweisen oder voraussetzen, ist folgende: *Līnais Nia nīthach sab slōgaib cach māirrīg ārchoin*; sie wurde von MEYER übernommen, dessen Übersetzung lautet: „Nia, ein streitbarer Fürst, fütterte mit Kriegsscharen jeden Schlachthund eines großen Königs". In der Tat ist *māirrīg* jedoch eine evidente Korruptel, denn es unterbricht die Alliteration; darüber hinaus bleibt es im Dunkeln, wer der große König war, von dem gesprochen wird. Die Schwierigkeit wird beseitigt, wenn wir *airrīg* lesen (*airrī* „tributary king, chieftain, sub-king" Contr. A, 236): Nia fütterte mit Leichen die Kriegshunde all seiner Vasallen.

(iv) Text 17, Z. 6: Die Lesart der Handschriften ist folgende: *Lond Lugaid Find Fili* usw. Da man hier von den Nachkommen von Fergus Fairgge spricht, ist Lugaid nicht am Platz, weil er nicht von Fergus, sondern von einem anderen Zweig derselben Familie abstammte: *lond Lugaid* muß daher getilgt werden. Die Interpolation kommt wahrscheinlich aus einer Glosse zu Z. 1 her, wo Lugaid am rechten Platz erwähnt wird.

Keine Beweiskraft besitzen dagegen die Korruptelen, die nicht dem Archetyp, sondern unschwer den einzelnen Abschreibern zugeschrieben werden können; dafür ist ein gutes Beispiel *na tri Fothaid* (Text 17, Z. 1), das von allen Handschriften gegeben wird und das MEYER in ein altertümlicheres *in trī Fothaid* umänderte. Da in diesen

Texten der Artikel sorgfältig vermieden wird, ist die bessere Lesart zweifellos *tri Fothaid* (ohne den Artikel), was auch durch *da Ēnnae* (Text 18, Z. 1) bestätigt wird. Das Vorhandensein des Artikels ist aber hier vom Gesichtspunkt der Prosa so selbstverständlich, daß ihn jeder Abschreiber instinktiv und unbewußt hinzufügen konnte.

Ich bin mir der Tatsache wohl bewußt, daß die Existenz eines Archetyps für jeden einzelnen Text bewiesen werden müßte, denn es ist a priori nicht auszuschließen, daß einer oder mehrere dieser Texte eine besondere Geschichte gehabt haben; in der Tat sind sie aber so kurz, daß es schwierig wäre, für jeden von ihnen Korruptelen zu finden, die sowohl allen Handschriften gemein wie auch so evident wären, daß sie uns gestatteten, wohlbegründete Schlußfolgerungen genealogischer Art zu ziehen. Die Existenz eines Archetyps kann daher für einige Texte rigoros bewiesen, für die übrigen nur analogisch vorausgesetzt werden.

*   *

*

Ist es schon schwierig, die bloße Existenz eines Archetyps zu beweisen, wäre es noch schwieriger, die exakten Verhältnisse der einzelnen Handschriften sowohl zueinander wie auch zu ihm zu erklären, was die notwendige Voraussetzung zur Feststellung eines *stemma codicum* darstellt; daneben müßte man auch untersuchen, ob eventuelle Kontaminationserscheinungen stattgefunden haben.

All das hat auch Folgen im Bereich der Textkonstitution; ist es unmöglich, eine mechanische Rekonstruktion des Archetyps durchzuführen, so bleibt nur übrig, einer eklektischen Methode zu folgen und aus den einzelnen Handschriften die Lesarten auszuwählen, die die besten scheinen, oder sie ohne Scheu zu emendieren, sobald sie uns nichts Annehmbares darbieten.

*   *

*

Vom metrischen Gesichtspunkt aus werden unsere Texte (abgesehen von denjenigen, die wir in den Anhängen herausgeben) ausschließlich durch die Alliteration gekennzeichnet: Reim und Isosyllabismus, die typischen Merkmale der „klassischen" irischen Dichtung, die sie meiner Meinung nach aus der spätlateinischen Kultur übernommen hat, sind noch unbekannt oder, wenigstens, die Verfasser dieser Texte verhalten sich, als kennten sie sie noch nicht. Archaische oder archaisierende Dichtung?

Um auf diese Frage eine endgültige Antwort zu geben, wäre es
nötig, die Chronologie der Texte genau festzustellen, wofür uns aber
nur sehr spärliche Anhaltspunkte zur Verfügung stehen. Der sicherste
ist vielleicht das Vorhandensein lateinischer Lehnwörter.

Wenn wir auch von *gríb* und *ór* absehen, die sich in interpolierten
Stellen finden, bleiben jedoch *arma, trebunn, bárcaib, machta, lecht,
míli, Ladru, draic* und *clann* übrig, die zweifellos den Einfluß der
lateinischen Sprache und Kultur beweisen. Handelt es sich aber um
Entlehnungen christlichen Ursprungs oder gehen sie auf die Zeit der
römischen Herrschaft in Britannien zurück?

In Fällen dieser Art ist die Wahl oft etwas subjektiv, aber hier ist
es evident, daß diese Latinismen besser in die Soldatensprache passen
als in die der Missionare[3] (was *draco* betrifft, beachte man, daß der
Drache auf der Fahne einer römischen Kohorte stand). Jedoch muß
ich annehmen, daß dieses semantische Argument in der Tat weniger
überzeugend ist, als man auf den ersten Blick meinen kann, denn es
wäre berechtigt einzuwenden, daß in diesem Fall die lexikalische
Wahl durch den Inhalt selbst der Gedichte prädeterminiert war.

Auch die Sprache dieser Texte sagt uns über ihre Chronologie
nichts Sicheres. Daß sie eine stärkere sprachliche Individualität besitzen und eine Reihe sprachlicher Eigentümlichkeiten aufweisen, die
sich in der altirischen Prosa nicht finden, ist außer Zweifel; all das
aber charakterisiert bloß ihre literarische Gattung, während wir etwas anderes wissen möchten, nämlich wann sie verfaßt wurden.

In der Tat ist die Sprache dieser Texte so künstlich, daß sie – so
glaube ich – keine bestimmte Phase des Irischen reflektiert. Man
denke nur an eine Kleinigkeit: die beiden Elemente, aus denen ein
Personenname oft besteht, werden gern entweder umgestellt (*Raiphtine Fiachu* anstatt von *Fiachu Raiphtine*) oder getrennt (z. B. *Bresual . . . Béoiliach*). Hier hat der aufmerksame Leser das Gefühl, etwas
zu hören, das er schon gehört hat: auch die lateinischen Dichter lieben
es, auf ähnliche Weise mit den Namen zu spielen (vgl. Hor. Sat.
1,4,94; 1,5,32 usw.); aber weder die irische Prosa noch die lateinische
erlauben sich Freiheiten dieser Art.

---

[3] *fo mindaib* (19,2) – angenommen, daß es, wie wir meinen, als „unter
Eid" und nicht als „unter Kronen" (MEYER) oder als „unter Helmen" (Contr.)
aufzufassen ist – würde die Sitte voraussetzen, die Reliquien der Heiligen in
kostbaren Reliquiaren aufzubewahren und auf sie zu schwören. Der Reliquien-
kult ist aber dem Christentum so angeboren, daß auf jeden Fall eine frühe
Datierung auch für diesen Text möglich bleiben würde.

Hier sind wir im Bereich einer poetischen Sprache, die sich freiwillig und bei vollem Bewußtsein von der Realität der Umgangssprache entfernt und sich neue Gesetze schafft oder alte Sprachmöglichkeiten bewahrt, so daß es etwas naiv wäre, darauf zu hoffen, daß die Weisheit der Philologie aus diesem unentwirrbaren Geflecht von Neuem und Altem, von Künstlichem und Realistischem, von Experimentellem und Altertümlichem eine genaue Datumsangabe erschließen kann.

Ich meine daher, daß es unter solchen Umständen vorteilhafter wäre, die chronologische Frage beiseite zu lassen und diese Texte als Stücke indogermanischer Dichtung zu betrachten, nicht im Sinne, daß sie auf jene Zeit zurückgehen, sondern weil sie vom inhaltlichen und stilistischen Gesichtspunkt aus jene Tradition vorwiegend fortsetzen.

Dank den Forschungen vortrefflicher Gelehrter wie R. Schmitt (1967), M. Durante (1971 u. 1976), W. Meid (1978) und C. Watkins (und auch der Schreiber dieser Seiten hat dazu beigetragen), beginnen wir jetzt, über die indogermanische Dichtung und die indogermanischen Dichter einiges zu erfahren.

Zu ihren Hauptfunktionen gehörten die Lobgesänge auf Helden und Könige: Es sind die κλέα ἀνδρῶν, von denen Homer spricht, die narāśaṃsa- der altindischen Tradition (vgl. Durante 1974). Diese Preisdichtung wendet feste Schemata an; hier möchte ich nur auf die auffälligsten hinweisen.

Erstens wird das Lob des Helden oder des Königs immer mit dem Lob seiner Ahnen verknüpft: In einer traditionsgebundenen Gesellschaft existiert der self-made man nicht, oder man täuscht wenigstens vor, daß er nicht existiert. Die Größe eines Mannes ist von der Größe seiner Vorfahren untrennbar; sie beleuchten und vergrößern sich gegenseitig. Das aber setzt voraus, daß die Ahnenreihen überliefert worden sind oder wenigstens, daß der Dichter genügend Phantasie und historische Kenntnis hat, um sie auf die für den Gelobten ehrenvollste und glaubwürdigste Weise rekonstruieren zu können. Und, da jeder zu lobende König am Ende einer genealogischen Folge eingeordnet werden mußte, wird die genealogische Wissenschaft zum wesentlichen Bestandteil der eulogistischen Dichtung.

Zweitens muß bemerkt werden, daß das Lob meistens einen unbestimmten Charakter hat; selten wird ein König deshalb gelobt, weil er eine bestimmte Schlacht gewonnen oder einen bestimmten Gegner getötet oder ein bestimmtes Volk unterworfen hat. Was der Dichter

wirklich lobt, ist kein konkretes Ereignis, sondern die siegerische
Natur des Königs: Es ist etwas, was nicht von der Geschichte abhängt, sondern in seinem Innersten lebt, es ist die Frucht zugleich des
Familienadels, der göttlichen Gunst und des übermenschlichen Nim-
bus, den ihm das Königtum verleiht.

All das – und hier sind wir beim dritten und letzten Punkte – wirkt
sich auch auf den Stil aus. Der Dichter kann auch von einer histori-
schen Begebenheit oder – was dasselbe ist – von einer Begebenheit,
die er als historisch betrachtet, ausgehen; da aber sein Zweck nicht
die Geschichtsschreibung oder die Chronik, sondern die Eulogie und
die lobende Genealogie ist, wendet er sein Interesse sofort auf die
Verherrlichung seiner Herren, was vorwiegend durch einen geschick-
ten Gebrauch von Epitheta und Metaphern geschieht, die majestäti-
sche, furchtbare und feierlich erstarrte Figuren malen. Weiteres zu
diesem Thema wird der Leser in dem Vortrag über die Entstehung
der altirischen Literatursprache finden können, die ich auf der Ta-
gung der Società Italiana di Glottologia, die 1984 in Siena stattgefunden hat, gehalten habe (= CAMPANILE 1985).

*   *

*

Wie schon oben gesagt wurde, ist die Alliteration das einzige metrische Element dieser Texte; in ihnen alliteriert jedes volltonige Wort
wenigstens mit einem nahestehenden, so daß das Ganze die Gestalt
einer ununterbrochenen Kette von Alliterationen annimmt. Die Meinung von MEYER, nach der ein volltoniges Wort gelegentlich der
Alliteration fremd bleiben kann, ist ohne Zögern abzulehnen und
leitet sich nur daher, daß er Stellen für bare Münze nahm, die ohne
Zweifel korrupt sind.

Was die schwachtonigen Wörter betrifft, so werden sie in unseren
Texten anders als in der syllabischen Dichtung behandelt, denn hier
können sie beliebig entweder der Alliteration fremd bleiben oder an
ihr teilnehmen, als wären sie volltonig; man kann vermuten, daß die
Wahl mit der Rezitationstechnik verbunden war. In unseren Texten
wird diese Kategorie durch folgende Wörter dargestellt: Präpositio-
nen, vortonige Verbalpräfixe, die Numeralia *da*, *tri* und *noī*, die
Verwandtschaftsnomina *macc*, *Mess* und *ua* (insofern ihnen ein Attribut oder ein Genitiv folgt), die Hinterglieder von Nominalkomposita,
die Kopula, die Konjunktion *scēo*, das adjektivische *cach*, das Posses-
sivadjektiv *a*; in 5,1 und 16,4 werden *adrualaid* bzw. *combuig* wie

Nominalkomposita behandelt, und es tritt nur ihr Anfangspräfix in die Alliteration ein. Ganz gekünstelt, aber auch der syllabischen Dichtung nicht unbekannt (MURPHY 1961, 38), ist die Anwesenheit des nasalisierenden *n* in einer Alliterationskette (12,1), so als würde es den Wortanfang darstellen.

Diese alliterierenden Kerne bilden Verse, von denen jeder in zwei Kola gegliedert ist; je zwei Verse bilden eine Strophe. Da weder der Reim noch die Zahl der Silben (oder der Wörter) ins Spiel kommen, könnte man vermuten, daß es in der Feststellung dieser metrischen Einheiten viel Willkürliches gibt. In der Tat ist diese Feststellung viel weniger willkürlich, als es auf den ersten Blick scheint, da es die folgenden Zusatzregeln gibt: (i) Im ersten Kolon jedes Verses alliteriert das Endwort mit dem Anfangswort des zweiten; (ii) in jedem Vers alliteriert das Endwort mit dem Anfangswort des folgenden; (iii) jede Strophe stellt eine syntaktisch abgeschlossene Einheit dar. Diese letzte Regel macht unter anderem klar, warum fast alle unsere Texte aus zwei Versen oder aus einem Vielfachen von zwei bestehen: wer zitiert, zitiert Stellen mit einem abgeschlossenen Sinne, was zweiversige Strophen bedeutete. Die einzigen scheinbaren Ausnahmen sind der Text 15, der aus drei Versen besteht, und der Text 17, wo ein Fragment dreier Verse zu erkennen ist. Im ersten Falle gibt es aber am Ende des ersten Verses eine starke Interpunktion (Doppelpunkt), was uns vermuten läßt, daß der zweite Vers einer Strophe zusammen mit der folgenden zitiert worden ist; im zweiten Falle, wo die genealogische Aufzählung zu lang war, um in einer Strophe enthalten zu sein, ist die vollständige Strophe sicher durch die letzten zwei Verse dargestellt, die mit dem Namen *Nuadu Necht* enden, einem Schluß, der sich auch am Ende der anderen zwei Fragmente desselben Textes findet; die Autonomie der vorhergehenden Strophe, von der nur der zweite Vers zitiert wird, wurde nur durch eine leichte Interpunktion gewahrt.

Es wäre überflüssig zu wiederholen, daß diese metrischen Bemerkungen nur die im Hauptteil des Werkes enthaltenen Texte betreffen; die in den Anhängen herausgegebenen weisen zum Großteil metrische Eigentümlichkeiten auf, die im Kommentar zu jedem von ihnen erklärt werden.

Da es unmöglich ist, wie wir gesagt haben, zu einer genauen Feststellung des *stemma codicum* und zu einer mechanischen Rekonstruktion des Archetyps zu gelangen, bin ich, was die Textkonstitution betrifft, einer ekdotischen Methode gefolgt: Wenn unter den

Handschriften wenigstens eine war, die eine befriedigende Lesart
darbot, habe ich diese ohne weiteres in den Text übernommen; wenn
aber keine Handschrift eine annehmbare Lesart aufwies und daher
ein Eingriff des Herausgebers nötig war, wird im Kommentar die
Stelle besprochen und die Emendation gerechtfertigt.

Was die Schreibweise der einzelnen Wörter betrifft, ist es gewöhn-
lich die, welche die Handschriften darbieten; nur in den Fällen, wo sie
zu deutlich mittelirische Eigentümlichkeiten verriet, habe ich sie
korrigiert; aber jedem Einzelwort systematisch einen archaisierenden
Firnis zu geben, wäre zwar reizvoll, aber letztlich sinnlos gewesen.

VORBEMERKUNGEN ZU DEN TEXTEN

Text 1: Eulogie für Labraid Loingsech Móen (dem Dichter Find mac Rossa zugeschrieben; über ihre Abfassungszeit vgl. CARNEY 1983, 177).

Die Tradition über die älteste irische Geschichte besagt, daß Cobthach Cóel Breg (Vorfahr der Könige von Tara) seinen Bruder Lóegaire Lorc und dessen Sohn Ailill Áine, Großvater bzw. Vater von Labraid, meuchelte. Dieser überlebte, und an diesem Punkt ist die Tradition nicht mehr eindeutig. Nach der *vulgata* suchte er Zuflucht in Gallien (daher das Epitheton *Loingsech* „Verbannter"); das ist z. B., was ein dem Dichter Orthanach zugeschriebener Text aussagt: „Von ihm wurde Lóegaire Lorc getötet, und dessen Sohn ging in die Länder der Gallier"[1] (MEYER 1917; manchmal ist Labraid kein Enkel, sondern ein Sohn von Lóegaire). Aber eine andere Version besagt, daß Labraid in Gallien aufgezogen worden war, und daß er von dort mit einer Armee von Galliern nach Irland zurückkehrte, um den Thron seines Großvaters zurückzugewinnen (*Isé in Labraidh sin ro alt a tirib Gall ⁊ táinig tar muir go nGallaib imbe docum nEirenn*, LL 377 b 12). Diese zweite Version enthält ein sehr interessantes und typisches Element, denn sie impliziert einen Fall von *fosterage*, einer der keltischen Kultur wohlbekannten Institution: Labraid wäre kein Verbannter in unbekannten Ländern gewesen, sondern er hätte sich der Stütze der mächtigen Familie bedient, die ihn aufgezogen hatte.

Labraid kehrte also mit einer Armee von 2.200 Galliern heim („2.200 Gallier kamen mit ihren breiten Lanzen aus Übersee"[2], MD 2,52), eine Zahl, die etwas übertrieben aussieht, wenn sie auch in einer interpolierten Stelle von *Orgain Denda Ríg* (STOKES 1901, 8) wiederholt wird. Nachdem Labraid nach Irland zurückgekehrt war, gewann und tötete er in der Schlacht von Dind Ríg den König Cobthach und die dreißig Könige, die dessen Alliierte waren, so daß er zum Oberkönig von Irland wurde. Die gallische Armee, die ihm den Thron wiedergegeben hatte, wurde noch von ihm in Piratentaten auf den

---

[1] Goíta leiss Lōegaire Lorc, – luid a mac hi tīri Gall.
[2] Da cét ar ḟichit chét nGall – co lágnib lethna leo anall.

britischen Küsten eingesetzt, worauf sowohl die oben zitierte Stelle der *Orgain Denda Ríg* wie auch ein von MEYER (1919, Nr. 3, Str. 1) herausgegebener Vierzeiler hindeuten.

War Labraid eine historische Figur? Die Tradition stellt die Tötung von Lóegaire Lorc in eine sehr entfernte, vorhistorische, mythische Zeit, 300 Jahre vor Christus (vgl. O'RAHILLY 1946, 116), und nach O'RAHILLY war Labraid nur „a divine personage, the ancestor-deity of the Lagin" (ib. 103): Achten wir aber auf den geschichtlichen Hintergrund, in den diese Ereignisse einzurahmen sind (d. h. das Vorhandensein gallischer Söldner auf irischem Boden, die irischen Streifzüge nach Britannien, die Abwesenheit einer römischen Autorität in Gallien), so wäre es nicht absurd zu vermuten, daß Labraid eine historische Persönlichkeit war, die um das 4. oder 5. Jahrhundert nach Christus lebte und deren Abenteuer von den Dichtern in die ältesten Phasen der irischen Geschichte zurückprojiziert wurden. Weiteres zu diesem Thema in CAMPANILE 1984.

Ist unsere Emendation am Anfang des Textes richtig, so hätten wir guten Grund zu behaupten, daß er vollständig ist, da er den sog. *ascnam* aufweist (vgl. MURPHY 1961, 44).

Ausgabe: MEYER 1914, 10. Vgl. auch CARNEY 1971, 56.

Text 2: Die Zerstörung von Dind Ríg (dem Dichter Ferchertne zugeschrieben; über die Abfassungszeit vgl. CARNEY 1983, 177).

In diesem Bruchstück wird das Hauptmoment in der Geschichte von Labraid gefeiert, nämlich sein Sieg über Cobthach Cóel und die dreißig „Großkönige" (*ardríg*), die dessen Alliierte waren, sowie die Zerstörung von Dind Ríg, der Hauptstadt seines Reiches. Von Labraid sprechen ebenfalls sowohl der vorhergehende wie auch einige der folgenden Texte; jedoch gäbe es keinen Grund zu vermuten, daß sie alle Bruchstücke einer und derselben Eulogie wären. Im besonderen haben wir schon gesehen, daß aller Wahrscheinlichkeit nach der Text 1 ein vollständiger ist, was uns unter anderem auch etwas über den Umfang und den Charakter dieser eulogistischen Texte lehrt: Es waren kurze, mit keiner erzählenden Struktur versehene Gedichte zu Ehren eines Helden, dessen Person als Ganze gefeiert oder von dem ein Einzelereignis besungen wird.

Ausgaben: STOKES 1901, 8; MEYER 1914, 7; GREENE 1955, 23; CARNEY 1971, 62; WAGNER 1977.

Text 3: Labraid und Muiriath (dem Dichter Ferchertne zugeschrieben).

Anders als die Anfangsprosa aussagt, fand die Liebesgeschichte zwischen Labraid und Muiriath aller Wahrscheinlichkeit nach während seines Exils statt, bevor er den Thron wiedergewann. In ihr spielt sein Harfner Craiphtine eine Hauptrolle, der durch seine magische Musik die Leibgarde des Mädchens einschläferte und Labraid ermöglichte, seine Liebe zu gewinnen. Nach O'RAHILLY (1946, 108ff., wo auch alle Haupttexte angegeben werden, die diese Geschichte betreffen), der Labraid als den Vorfahr-Gott der Laigin betrachtet, wäre Craiphtine nur eine künstliche Verdoppelung von Labraid; anderseits erinnere man sich daran, daß nach diesem Gelehrten (ib. 102) auch Lóegaire und Labraid ursprünglich dieselbe Person gewesen wären: All das kann derjenige nicht annehmen, der an seine substantielle Historizität glaubt.

In der Einleitungsprosa wird auch gesagt, daß Labraid auch König von Britannien war; das ist nur eine willkürliche Deduktion aus seinen Piratenüberfällen auf die Küsten Cornwalls und auf die Orkney-Inseln (vgl., was zum Text 1 bemerkt worden ist; dazu sei MEYER 1913, 41, Str. 25 hinzugefügt).

Ausgaben: STOKES 1899, 166 u. 431; MEYER 1914, 9; GREENE 1955, 20 (vgl. auch STOKES 1901, 6 und VENDRYES 1958, 36f.).

Text 4: Zweite Eulogie für Labraid (anonym überliefert).

In der Einleitungsprosa zu diesem Bruchstück wird gesagt, daß Labraid auch König von Gallien wurde; das ist nur die Frucht einer nebelhaften Erinnerung an die alten Verbindungen zwischen ihm und Gallien (dort war er aufgezogen worden, dort rekrutierte er die Söldner, dank denen er den großväterlichen Thron zurückgewann); aus ähnlichen Gründen behauptet man in dem vorhergehenden Text, daß er auch König von Britannien war. Es ist wahrscheinlich, daß sich diese Legenden erkühnten, sogar von einem Feldzug zu fabulieren, den er in Gallien gegen die Römer gemacht hätte. Das lassen zwei Tatsachen vermuten: In der Einleitungsprosa zu diesem Text wird gesagt, daß er bis zum Alpengebirge vorgedrungen wäre, und an einer schwierigen Stelle des *fursundud* („genealogischen Gedichts") von Find mac Rossa (MEYER 1913, 41, Str. 28) spricht man in bezug auf seine Kriegstaten in Gallien von einer „mit Schwertern versehenen Legion" (*lainnech legión*). Stellen wir die beiden Aussagen in Verbin-

dung, so ergibt sich, daß Labraid mit der auf die Alpenländer zurück-
gezogenen römischen Wehrmacht gekämpft hätte.

Ausgabe: MEYER 1914, 23. Vgl. auch CARNEY 1971, 63.

Text 5: Eulogie für Art Mess Delmann (dem Dichter Briccíne mac
Brígni zugeschrieben; über ihre Abfassungszeit vgl. CARNEY 1983,
177).

Art Mess Delmann, Sohn von Sétne Sithbacc, war nach der Tradition König der Domnainn, eines Volkes, das sicher mit den Laigin zu
identifizieren ist (*Galion tra 7 Domnaind anmand sin do Lagnib*, LL
311 a 20; vgl. O'RAHILLY 1946, 92).

Ausgaben: MEYER 1912, 6; MEYER 1914, 6. Vgl. auch CARNEY
1971, 57.

Text 6: Verzeichnis der Söhne von Augen Aurgnaid (dem Dichter Find
mac Rossa zugeschrieben).

Die katalogische Dichtung, die einen wichtigen und selbständigen
Bestandteil der eulogistischen darstellt, ist auch eine wesentliche
Voraussetzung zu ihr, denn sie versah den Dichter mit der Ahnen-
und Nachkommenreihe desjenigen, der gelobt wurde. Obendrein bin
ich der Meinung, daß sie in ihrer reinen und ursprünglichen Form kein
Rezitationsobjekt war, da sie dem Dichter nur als Rohmaterial zu
seinen Kompositionen dienen sollte; und, was im besonderen dieses
Bruchstück betrifft, läßt die Abwesenheit „poetischer" Elemente
vermuten, daß es sich bloß um Materialien *in usum poetarum* handelt,
die nie an einem Hof rezitiert wurden.

Die Namen der Söhne von Augen Aurgnaid sind aus den Namen
von Örten und Völkern genommen, die von ihnen ihren Ursprung
gehabt hätten und die die Glossen sorgfältig aufzählen. Selbstver-
ständlich konnten Verbindungen dieser Art auch zur ätiologischen
Dichtung dienen.

Ausgabe: MEYER 1914, 12.

Text 7: Die Söhne von Alb (dem Dichter Find mac Rossa zugeschrieben).

Auch hier, wie im Text 6, handelt es sich um katalogische Dichtung, aber aus der Struktur des Textes, der an „poetischen" und
deskriptiven Elementen sehr reich ist, geht hervor, daß er, anders als
der vorhergehende, wirklich an einem Hof rezitiert werden sollte.

Derselbe Alb, dessen Söhne hier aufgezählt werden, wird auch im vorhergesehenen Text zitiert.

Ausgaben: MEYER 1914, 13; vgl. auch STOKES 1900, 263.

Text 8: Die Enkel von Baíscne (aus der *Cocangab Már* von Senchán Torpéist).

In diesen zwei Strophen werden die Enkel von Baíscne, einem der Söhne von Nuadu Necht, erwähnt. Ursprünglich war Nuadu nichts anders als ein keltischer Gott, der mehrmals auf den römischen In-schriften aus Britannien bezeugt wird (*Nodons/Nodens*, vgl. Ross 1967) und später in den Stammbaum vieler irischer Adelsfamilien eingeführt wurde. Jedoch gab ihm jede von ihnen, um sich von den anderen zu unterscheiden, nach der irischen Art einen Beinamen, so daß er sich in eine Vielfalt von Figuren verwandelte. Dieser Einschub eines Gottes in die Stammbäume des irischen Adels muß selbstver-ständlich vor der Christianisierung der Insel stattgefunden haben, während seine Vermenschlichung dagegen die Christianisierung schon voraussetzt.

Was die Textkonstitution betrifft, tilgte MEYER (1910, xviii) die Endwörter *tri huī Nuadat Necht*, denn sie widersprächen dem vorher-gehenden *tri huī Baīscni*; in der Tat gibt es vielmehr eine Klimax: Sie sind Nachkommen von Baíscne, sie sind sogar Nachkommen von Nuadu Necht.

Ausgaben: MEYER 1910, xvii; MEYER 1914, 20.

Text 9: Die Söhne von Ross Ruad (dem Dichter Senchán Torpéist zugeschrieben).

Die hier aufgezählten Prinzen waren die Urenkel des mythischen Nuadu Necht; Verwandtschaften dieser Art sprechen jedoch weder zugunsten der Historizität der Personen, denen solche Vorfahren zugeschrieben werden, noch gegen sie, da es für die archaischen Königshäuser, wie wir in der Vorbemerkung zum Text 8 gesehen haben, üblich war, sich einen mythischen und göttlichen Vorfahren anzurechnen.

Die drei Prinzen, die hier aufgezählt werden, sind Cairpre Nia Fer, der König von Tara war (aber die einheimischen Geschichtsschreiber betrachten ihn noch nicht als den Oberkönig Irlands), Ailill mac Máta, der dank seiner mütterlichen Aszendenz König von Connacht war, und Find, der König von Leinster war, aber hauptsächlich als Dichter berühmt wurde.

Ausgaben: MEYER 1912, 8; MEYER 1914, 20.

Text 10: Catháir und Conn (dem Dichter Lugair zugeschrieben).

Die von MEYER vorgeschlagene Interpretation dieses Bruchstükkes ist dadurch hoffnungslos verfehlt, daß er glaubte, die hier gefeierten Könige seien Catháir Már und sein Bruder Mane Mál, Söhne von Fedelmid Fer Aurglas, während es sich um Catháir Már und um Conn Cétchathach, Sohn von Fedelmid Rechtaid, handelt, wie es sich aus der Einleitungsprosa klar ergibt. Infolgedessen interpretierte MEYER *conn* als „Oberhaupt" (während es der Eigenname *Conn* ist) und *Fedelmthe* (= *Fedlimthe* in unserem Text, Z. 2) als einen Singular (während es nötig ist, es als einen Plural aufzufassen).

Ausgabe: MEYER 1914, 14.

Text 11: Totenklage für Catháir Mór (dem Dichter Lugair zugeschrieben).

Nach der Tradition herrschte Catháir Mór König von Tara fünfzig Jahre lang über Irland (*in Cathāer Mār trā ... cōeca bliadan dō hi rrīgu hĒrenn hi Temuir*, Rawl. B 502, 124 a 22) und wurde von den Luaigni von Tara getötet, einem wahrscheinlich vorkeltischen Volk, wie die Benennung „alte Völker von Tara" (*sentuatha Temrach*, vgl. O'RAHILLY 1946, 392) vermuten läßt. Diese Totenklage spiegelt genau die Weltanschauung eines Hofdichters wider, der vor allem die freigebige Gastlichkeit würdigt, die er von seinem gestorbenen Herren erfahren hatte, und ihr nachtrauert.

Ausgabe: MEYER 1914, 15.

Text 12: Eulogie für Fiachu Baiccid (dem Dichter Lugair zugeschrieben).

Fiachu Baiccid (eig. *ba aiccid* „der ein Bauer war") war der jüngste Sohn von Catháir Mór. Als sein Vater seinen Landbesitz unter die Söhne verteilte, erhielt er wegen seines Alters nichts, so daß er, anstatt ein Landherr zu sein, Bauer bei seinen Brüdern wurde. Sein Vater tröstete ihn aber mit diesen Worten: „Meine Segnung sei für dich anstatt der Erbfolge, und du wirst über deinen Brüdern stehen, und deine Nachkommenschaft wird über ihrer Nachkommenschaft bis zum Jüngsten Gericht stehen" (*ro-t-bē mo bennacht hi son forbbae 7 is tū for-bias do brāithre 7 do chlann for-biat a clanna co brāth*, Rawl. B 502, 124 a 43). Und in der Tat wurde er König von Leinster.

Ausgabe: MEYER 1914, 16.

Text 13: Eulogie für Bresal Béolach (dem Dichter Lugair zugeschrieben).

Bresal Béolach, der einzige Sohn von Fiachu Baiccid, war der Tradition nach der Sieger von Cairpre Liphechair, König von Tara, in der berühmten Schlacht von Cnámross, von der die beiden folgenden Texte sprechen.

Ausgaben: MEYER 1914, 15; CARNEY 1978/9, 429.

Text 14: Erste Totenklage für die Söhne von Cairpre Liphechair (dem Dichter Lugair zugeschrieben).

Der Tradition nach gewann und tötete Bresal Béolach in der Schlacht von Cnámross den König Cairpre Liphechair mit dessen drei Söhnen und wurde König von Tara und demzufolge der ganzen Insel. Man beachte jedoch, daß die Theorie, nach der die Herrschaft über Tara die Herrschaft über alle Völker Irlands mit sich brachte, keinen faktuellen Grund hat, obwohl sie die irischen Juristen und Geschichtsschreiber unermüdlich wiederholt haben; sie rührt nur daher, daß die einheimischen Gelehrten, sooft sie die Geschichte ihres Landes schrieben, die römische Geschichte vor Augen hatten und daher das Bedürfnis empfanden, eine Figur zu schaffen, die dem römischen Kaiser entspräche. In der Tat aber existierte dieser Oberkönig nie, denn Irland erlangte während seiner ganzen Geschichte niemals die politische Einheit (vgl. BINCHY 1954).

Die Handschriften schreiben dieses Bruchstück, in dem man den Tod der Söhne von Cairpre beweint, dem Dichter Lugair zu, demselben, dem auch das Bruchstück zu Ehren ihres Töters (Text 13), das zu Ehren seines Vaters (Text 12), und die beiden zu Ehren seines Großvaters (Texte 10 u. 11) zugeschrieben werden. Das kann weder erstaunen noch ein Argument gegen diese Zuschreibung darstellen, denn ursprünglich standen die Hofdichter bei keiner einzigen Familie im Dienst, sondern bei ihrem Umherschweifen konnten sie mehreren Familien nacheinander dienen.

Ausgabe: MEYER 1914, 17.

Text 15: Zweite Totenklage für die Söhne von Cairpre Liphechair (anonym überliefert).

Diese zweite Totenklage für die von Bresal Béolach in der Schlacht von Cnámross getöteten Söhne von Cairpre steht in vielen Einzelheiten der ersten sehr nahe; es drängt sich die Vermutung auf, daß entweder beide aus demselben Texte stammen oder daß die eine die andere nachgeahmt hat.

Das Bruchstück besteht aus drei Versen, einer sehr raren Zitat-
form, auf die schon im Vorwort hingewiesen worden ist.
Ausgabe: MEYER 1914, 18.

Text 16: Eulogie für die Söhne von Bresal Béolach (dem Dichter
Lugair zugeschrieben).

Die beiden Distichen sind in Rawl. durch das Sätzchen *item idem
ait* getrennt, das das zweite einführt. Das Sätzchen ist aber entweder
zu tilgen oder wenigstens als kein Beweis zu betrachten, daß es sich
um zwei Bruchstücke handelt. In der Tat bilden die beiden Strophen
ein einziges und einheitliches Bruchstück, wie zwei Tatsachen beweisen: (i) *Labraid* (Z. 2) alliteriert mit *līnais* (Z. 3); (ii) *da mac* (Z. 4)
bezieht sich auch auf *Labraid* (Z. 2); daneben bemerke man, daß *item
idem ait* in einer Handschrift (Lec.) fehlt.
Ausgabe: MEYER 1914, 18.

Text 17: Die Nachkommen von Nuadu Necht (dem Dichter Find mac
Rossa zugeschrieben).

Die drei Brüder Fothad (nämlich Fothad Airgdech, Fothad Cairp-
tech und Fothad Canann), Find Fer Umaill und Find mac Rossa, der
König und zugleich Dichter war, rühmten sich, von dem mythischen
Nuadu Necht abzustammen; in diesen Versen wird ihre Genealogie
rekonstruiert. Wie die Abwesenheit der Alliteration zwischen Z. 2 und
3 und zwischen Z. 5 und 6 beweist, handelt es sich um drei nicht
aufeinanderfolgende Bruchstücke.
Ausgaben: MEYER 1911a; MEYER 1914, 14.

Anhang 1. In diesem ersten Anhang sind zwei Texte (18 und 19)
zusammengefaßt, die in der Hds. Rawl. B 502 nicht vorhanden sind,
aber dieselbe metrische Struktur aufweisen wie die vorhergehenden
und sich gleicherweise auf Leinsterkönige beziehen, d. h. auf die
Nachkommen von Nuadu Necht in einem Falle, von Bresal Béolach
im anderen.

Text 18: Eulogie für die beiden Énna (dem Dichter Lugair zugeschrieben).

Énna Cennselach und sein Vetter Énna Nia waren beide nach der
Tradition Nachkommen des mythischen Nuadu Necht; über diese
mythischen Aszendenzen vgl. das in der Vorbemerkung zu Text 9
Gesagte. Man bemerke auch, daß es ein Topos der eulogistischen

Dichtung war zu behaupten, daß der zu lobende König Geiseln besitzt, denn das ist ein Beweis der Ehrfurcht, die er den anderen Völkern einflößt.

Ausgabe: MEYER 1914, 19.

Text 19: Eulogie für Eochu mac Énnai Chennselaig (die Zuschreibung ist unsicher; die Handschriften sagen nur *item poeta dixit* und *rocachain in file beos*, nachdem kurz zuvor Verse sowohl von Torna éces als von Laidcenn mac Bairchedo zitiert sind).

Eochu mac Énnai Chennselaig war ein Urenkel von Bresal Béolach; nach der Tradition wurde er Oberkönig von Irland (aber vgl. das zum Text 14 Gesagte), was wahrscheinlich das Epitheton „Kämpe Irlands" (Z. 3) andeutet. Der vorliegende ist der einzige unserer Texte, in dem auch die Mutter des Gelobten (Ethne in diesem Falle) erwähnt wird; das ist aber hier nur ein Hilfsmittel, um die Erwähnung seines mütterlichen Großvaters, des Königs Corc von Carman, einzuführen.

Ausgabe: MEYER 1914, 22.

Anhang 2. Dieser Anhang enthält zwei Texte (beide in Rawl.), die sich vom metrischen Gesichtspunkt aus von allen vorhergehenden unterscheiden, da sie der Alliteration den Reim hinzufügen.

Text 20: Eulogie für die Söhne von Cú Chorbb (anonym überliefert).

Der Text erwähnt die vier Söhne von Cú Chorbb, König von Leinster, aus denen nach der Tradition die vier Hauptstämme der Laigin kommen.

Ausgaben: MEYER 1914, 27; vgl. auch HULL 1949.

Text 21: Die Schlacht von Cnámross; dritte Totenklage für die Söhne von Cairpre Liphechair (anonym überliefert).

Dieser Text, der in den Handschriften den Texten 14 und 15 folgt, handelt gleicherweise von der Schlacht von Cnámross; wie die vorhergehenden und anders als die Einleitungsprosa (vgl. Text 14) erwähnt er den Tod von nur drei Königen, den Söhnen von Cairpre, als wäre Cairpre selbst nicht getötet worden.

Ausgabe: MEYER 1914, 16.

Anhang 3, Text 22: Eulogie für einen Heiligen (dem Dichter Mongán mac Echach zugeschrieben).

Dieser letzte Anhang enthält eine kleine Eulogie zu Ehren des hl. Colum Tíre dá Glas (nicht des hl. Colum Cille, wie man in Contr. M, 110 sagt), des Begründers und ersten Abts des Klosters von Inischeltra, der von einer königlichen Familie von Leinster abstammte, was im Text angedeutet und in den interpolierten Versen minuziöser präzisiert wird.

Die metrische Struktur dieses Textes besteht aus alliterierenden Kurzversen, die meistens Siebensilbler sind; das letzte Wort jedes Verses ist auf der drittletzten Silbe betont, abgesehen von dem letzten, der mit einem Oxytonon endet. Hier sind wir bereits auf halbem Weg zwischen der alten alliterierenden anisosyllabischen Metrik und dem, was die Iren selbst „neue Formen" nannten.

Ausgaben: MEYER 1913 a, 18; CARNEY 1983, 190.

DIE TEXTE

1. Eulogie für Labraid Loingsech Móen

Can as rōetatar Lagin ainmnigud? Nī ansae. Lagin quasi Lāgain óna lāgnib nominantur .i. dona lāignib do-radsatar lēo dar muir anall dia lotar la Labraid Longsech Mōen co Slébe Elpa sair. Amal tāncatar aridisi dochum nhĒrenn ba hingnad la Firu hĒrenn a n-errid 7 a n-airm .i. lāgni māra do-bertatar ina lāmaib conid díb ro ainmnigthe Lagin; unde poeta: (LL)

  1 ŌenMōen ō ba nōediu,   ba noos ardrīg,
      ort rīga, rout ān,   hua Luircc Labraid.
  3 Lāithe gaile Gailiain   gabsat inna lāmaib lāigne,
      Laigin de ṡin   slōg Gailiain glonnach.
  5 Gāelsit coicthe   cotā ler lergga iath n-Ēremōin,
      iar loinges lōichet fian   flaith nGōedel gabsus.
  6a [Grīb indrid iath n-ainēoil   hua Luircc Lōegairi]
  6b [arddu dōenaib   acht nōebrīg nime.]
  7 [Ōr] Ōs grēin gelmāir   gabais for dōenib domnaib
      scēo deeib dia is   ōenMōen mac Āini ōenrī.

Woher erhielten die Leinsterleute ihren Namen? Es ist leicht gesagt. Die Laigin, sozusagen ‚Lágain‘, sind nach den Lanzen (*láigne*) benannt, die sie jenseits des Meeres übernahmen, als sie mit Labraid gegen Osten bis zum Alpengebirge fuhren. Als sie nach Irland zurückkehrten, erschienen ihre Rüstung und ihre Waffen den Iren ungewöhnlich, d. h. die großen Lanzen, die sie in der Hand hielten, so daß sie nach ihnen benannt wurden; weshalb der Dichter sprach:

1 Der einzigartige Móen, schon als Knabe tötete er – nach Art von Großkönigen – Könige: ein herrlicher Wurf, Labraid, Enkel des Lorc.
3 Die tapferen Kriegshelden der Gailiain nahmen Lanzen in die Hand; davon (erhielt) die tatenreiche Schar der Gailiain (den Namen) Laigin.
5 Sie gewannen Kriege bis zum Meeresufer der Länder von Éremón; nach dem Exil erlangte die Leuchte der Scharen die Herrschaft über die Gälen.

6a [Ein Gerfalke, der in unbekannte Länder einfiel, war der Enkel
von Loegaire Lorc], [erhabener als (alle) Wesen, mit Ausnahme
des heiligen Himmelskönigs].

7 [Gold] Höher als die glänzende Sonne herrschte der einzigartige
Móen, Sohn von Áine, über Menschenwelten, und ein Gott unter
den Göttern ist er, der einzigartige König.

2. Die Zerstörung von Dind Ríg

Labraid Loingsech Mōen mac Ailella Āine m. Lōegaire Luircc m.
Augaine Māir a quo Laigin ut Laidcenn mac Barcedo dixit: Labraid
Longsech ⟨lōr⟩ Mōen mac do Ailill Āine ōen, ut supra. Is ē in Labraid-
sin trā ro halt hi tīrib Gall 7 do-dechaid dar muir co nGallaib imme
dochumm nAlban co hĒrind; is lais dano ro hort Dind Rīg for Cobthach Cōel mBreg co trīchait ardrīg imme. Is Cobthach Cōel ro hort
Lōegaire Lorcc hi tosuch conid ō šain le is chocad eter a clanna .i.
Laigin 7 Leth Cuind ut Orthanach loquitur: Cōic cēt bliadnae buadach rīm 7rl. et Ferchertne dixit:

1 Dind Rīg, ruad Tuaim Tenbath,
  tricha fuirech fo- brōn -bebsat.
3 Brūisius, brēosius būire lond Labraid
  lāith Elggae, hua Luircc Lōegairi.
5 Lugaid lōeg, lond sanb Sētne,
  sochla Cōel Cobthach, conn Māl Muiredach.
7 Mandrais arma athair athar Olloman,
  ˙oirt Mōen maccu āin Augaini.

Labraid Longsech Móen Sohn von Ailill Áine Sohn von Lóegaire Lorc
Sohn von Augaine Már, von dem die Laigin (stammen), wie Laidcenn
mac Barcedo sagte: Der große Labraid Longsech Móen, einziger Sohn
von Ailill Áine, wie oben zitiert (= MEYER 1913, 28, Str. 20).

Dieser Labraid wurde in Gallien aufgezogen und zog mit den
Galliern, die mit ihm waren, über das Meer nach Britannien, bis nach
Irland; und er zerstörte Ding Ríg in der Schlacht gegen Cobthach Cóel
Breg und die dreißig Großkönige, die mit ihm waren. Zu Anfang hatte
Cobthach Cóel Lóegaire Lorc getötet, so daß seither Krieg zwischen
ihren Völkern war, d. h. zwischen den Laigin und Conns Hälfte, so wie
Orthanach sagt: Dreihundert Jahre, eine glorreiche Zahl usw.
(= STOKES 1901, 8; GREENE 1955, 23), und Ferchertne gesagt hat:

1 Dind Ríg, rotes Tuaim Tenbath, dreißig Fürsten starben unter Schmerzen.
3 Er zerbrach sie, er zertrat sie, der wildwütende Krieger, Labraid, Irlands Kämpe, Enkel von Lóegaire Lorc.
5 Der geschätzte Lugaid, der wilde Plünderer Sétne, der hochberühmte Cobthach Cóel, Muiredach Mál, der Häuptling –
7 (ihre) Waffen zerschmetterte der Vater des Vaters von Ollam: Móen tötete die Nachkommen des glorreichen Augaine.

3. Labraid und Muiriath

Is iarum ro gab rīgi nĒrenn amal ad-fēt Find mac Rossa isind fursunnud do-rigni. Gabais dano rīgi fer nAlban 7 do-breth Muiriath ingen Scoriath rīg Fer Morcc dō, amal asbert Ferchertne:

1 Ni celt cēis cēol   do chruitt Chraiphtini
   co corastar for sluagu   suanbās ⟨...⟩
   ....
3 Consreth cuibdius eter Mōen   scēo Muiriath macdacht Morca,
   mōo lee   cach lōig Labraid.

Labraid erlangte darauf die Königsherrschaft über Irland, wie Find mac Rossa in dem genealogischen Gedicht erzählt, das er verfertigte. Darauf erlangte er auch die Herrschaft über die Briten, und Muiriath, Tochter von Scoriath König der Fir Morca, wurde ihm zur Frau gegeben, wie Ferchertne sagte:

1 Die *céis* verbarg die Musik der Harfe von Craiphtine nicht, so daß sie auf die Scharen einen tiefen Schlaf warf.
3 Harmonie verbreitete sich zwischen Móen und der jungfräulichen Muiriath von Morca; für sie war Labraid mehr als jede Belohnung.

4. Zweite Eulogie für Labraid

Gabais Labraid iar sin rīge Gall 7 luid co slēbi Elpa ut Finn Fili dixit: Domnais giallu Gall, ut supra. Nī rabi trā do rīgaib hĒrenn ro-siacht in cumachta ro-siacht Labraid ut poeta dixit:

1 Lug scēith,   scāl find,
   fo nimib ni robe   bed mac nĀini aidblithir.

3   Arddu deeib dōen,   dron daurgrainne,
    glan gallāth,   hua Luircc Lōegairi.

Dann wurde Labraid zum König über Gallien und fuhr bis zum
Alpengebirge, wie Find Fili sagte: Er band gallische Geiseln, wie oben
zitiert (= MEYER 1913, 41, Str. 28). Es gab also unter den irischen
Königen keinen, der die Macht erlangte, die Labraid erlangte, wie ein
Dichter sagte:

1   Luchs des Schildes, leuchtende Erscheinung: unter den Himmeln
    gab es niemand, der so mächtig war wie der Sohn von Áine.
3   Mensch erhabener als die Götter, starker Eichelkern, glänzender,
    tüchtiger Krieger, Enkel von Lóegaire Lorc.

5. Eulogie für Art Mess Delmann

Art Mess Delmann dībad a chlann; is lais con-rōtacht Mūr nAlinne
licet antea civitas regalis fuit, unde Briccīni mac Brīgni cecinit:

1   Māl adrualaid iatha marb   mac sōer Sētnai,
    selaig srathu Fomoire   fo dōene domnaib.
3   Di ōchtur Alinne   oirt trīunu talman,
    trebunn trēn tuathmār   Mess Delmann Domnann.

Art Mess Delmann, sein Stamm war ohne Nachkommenschaft; er war
es, der den Mauerring von Ailenn erbaute, obwohl sie schon vorher ein
Königssitz war; weshalb Briccíne mac Brígni sang:

1   Ein König ist in die Länder der Toten eingegangen, der edle Sohn
    von Sétne; unter Menschenwelten zerstörte er die Ebenen der
    Fomoren.
3   Von der Höhe von Ailenn herab tötete er die Starken der Erde, ein
    mächtiger, volkreicher Häuptling, Mess Delmann der Domnone.

6. Verzeichnis der Söhne von Augen Aurgnaid

Augen Aurgnaid in tres ⟨macc⟩ Sētnai Sithbaicc .xiii. meic lais-side ut
Find Fili fatur:

1   Eochu Ferngen,   Finteng, Aucha,   +Eriu+,
    Orb, Alb, Rogen   ruad, Donnaile Dāna, Nār,

3 Nōe, Ladru Lergnaid,   luath Cuar,
   caīn Māsc,   maic Augein Aurgnaid.

Augen Aurgnaid war einer der drei Söhne von Sétne Sithbacc; er
hatte 13 Söhne, wie Find Fili sagt:

1 Eochu Ferngen, Finteng, Aucha, + Eriu +, Orb, Alb, der rote
   Rogen, Donnaile Dána, Nár,
3 Nóe, Ladru Lergnaid, der schnelle Cuar, der schöne Másc: (das
   sind) die Söhne von Augen Aurgnaid.

7. Die Söhne von Alb

Item Find Fili de filiis Ailb meic Augein cecinit:

1 Baīd, buide,   bānān, dron,
   dānae, dilmaīn   – maicne n-Ailb āirmi!
3 Acher būire   bruithne derg,
   Dondobur dōel, Gabruan   grinne for Findubair.

Und Find Fili besang die Söhne von Alb mac Augein:

1 Ein zärtlicher, blonder, reiner, herrlicher, starker, mutiger, wertvoller Schatz – du erwähnst die Söhne von Alb!*
3 Acher, rote Flammenwut, der glänzende Dondobur und Gabruan,
   eine Waffenspitze auf Findubar.

---

* Oder auch: Wir zählen die Söhne von Alb auf.

8. Die Enkel von Baíscne

Is iarum ro gab Lugaid rīgi nĒrenn 7 is hua dond Nuadait Necht in
Find hua Baīscne 7 Caīlte amal ro deimnig Senchān Torpēist isin
Chocangaib Māir dicens: (...)

1 Find, Taulcha   – tuath cuire –, Caīlte
   crothsat + cres + mBodbae   bārcaib di thonnaib.
3 Tri huī Baīscni,   buadach cuitechta,
   conda fergga   fillsat tri huī Nuadat Necht.

Dann gewann Lugaid das Königtum über Irland, und Finn ua Baíscni und Caílte waren Nachkommen von Nuadu Necht, wie Senchán Torpéist in seiner Großen Sammlung erklärte, wo er sagt:

1 Find, Taulcha und Caílte – eine Schar von Völkern – erschütterten auf Schiffen von der See aus das +cres+ von Bodb.
3 Die drei Nachkommen von Baíscne, eine siegreiche Schar: die Wut von Kriegern bezwangen die drei Nachkommen von Nuadu Necht.

9. Die Söhne von Ross Ruad

Corpre didiu hi Temair, Find i nAlind, Ailill hi Cruachain, ut Senchān dixit:

1 Tri maic Ruaid,   ruirig flaind:
  fiangal Find, Ailill   acher, cōem Cairpre.
3 Caīni dind   demin oat ollamna,
  Alenn chruind,   Cruachu, Temair thōebglan.

Cairpre also in Tara, Find in Ailenn, Ailill in Cruachu, wie Senchán sagte:

1 Ruads drei Söhne, rotblutige Könige: Find, der die Tapferkeit eines Heeres hatte, der grimme Ailill, der liebe Cairpre.
3 Zweifellos schützen schöne Hügel die Herren: die rundliche Ailenn, Cruachu, Tara mit glänzenden Halden.

10. Cathaír und Conn

Comaimser dano do Chathaīr 7 do Chunn Cētchathach, Cathaīr hi Temraig 7 Conn hi Cenannas, cen chath cen chocad eturru dīb līnaib, ut Lugair Lānḟile dixit:

1 Cathaīr cōem, Conn   comfebaib fallnatar flaithemdai,
  fri fileda fāth   fiu da macc ḟial Fedlimthe.

Cathaír und Conn Cétchathach waren Zeitgenossen, Cathaír in Tara und Conn in Cenannas, beide ohne Wettstreit, ohne Krieg miteinander, wie Lugair Lánḟile sagte:

1 Der liebe Catha͠ir und Conn mit gleichen Reichtümern herrschen
königlich; ein für Dichter würdiges Thema sind die beiden Söhne
der edlen Fedelmids.

11. Totenklage für Cathaír Mór

La Luaignib Temra ro hort Cathaīr. Lugair dixit:

1 Doss dāile   dāl Temra,
  tocad caīn   caemna coīcat bliadnae.
3 Ba barr fīne   fial caur Cathaīr Mōr,
  – mairg Elcga! –   atmet a lecht Luaigni!

Die Luaigni von Tara töteten Cathaír. Lugair sagte:

1 Der Gipfel der Freigebigkeit war die Freigebigkeit von Tara, ein
  schönes Glück war ein fünfzigjähriges Patronat!
3 Cathaír Mór, ein edler Held, war der Wipfel der Weinrebe*; weh
  Irland: gestehen die Luaigni seine Tötung!

---

* Oder: *das Beste (seiner) Familie*, wenn wir *fine* lesen.

12. Eulogie für Fiachu Baiccid

Item Lugair:

1 Fichet filed   fiu bed nath n-airech fordarc
  fri Fiachaich: Fiachu   ferr ōen ilur brāithre mBaiccedo.

Und Lugair:

1 Zwanzig Dichtern würdig sei das Lied für Fiachu, den berühmten
  Prinzen: Fiachu allein ist besser als die Vielzahl der Brüder von
  Baccid.

13. Eulogie für Bresal Béolach

Fiachu ba hAiccid trā ōenmac leis .i. Bresal Bēolach, inde Lugair:

1 Ān grian grīssach   goires brēoda Bresual,
  bres Elcgae, hua Luircc,   lāthras bith Bēoiliach.

Fiachu ba Aiccid hatte nur einen Sohn, nämlich Bresal Béolach; deshalb Lugair:

1 Eine glorreiche und feurige Sonne, die flammend erwärmt, ist Bresal Béolach, Irlands Kämpe, Lorcs Enkel, der über die Welt verfügt.

14. Erste Totenklage für die Söhne von Cairpre Liphechair

Is ē dano Bresal Bēolach ro fīch cath Cnāmrois fri Cairpre Liphichair mac Cormaic 7 do-cerdar .i. Cairpre 7 Eochuid 7 Eochuid Domplēn 7 Fiachu Sraptine 7 noī mīle leo. Cōeca ar dīb mīlib immorro o Laignib hi frecor. Ut idem (= Lugair) ait:

1 Māra galgata, grith faebair
 for Cairpri chlannaib Cnāmrois hi lerggaib.
3 Legit huī Chuinn, co noī mīlib machta,
 māir maic fīne ānrīg: Eochu, Eochaid dil Domplēn,
5 daith ruire Raiphtine roḞiachu forderg;
 – fē scēl! – scīth limm lāithi crolechtaib.

Dieser Bresal Béolach kämpfte in der Schlacht von Cnámross gegen Cairpre Liphechair Sohn von Cormac und dort fielen Cairpre, Eochu, Eochuid Domplén, Fiachu Raiphtine und 9.000 (Krieger) mit ihnen. Unter den Laigin fielen jedoch 52.000 (Krieger) auf der anderen Seite. Wie Lugair sagt:

1 Große Unglücke: Waffenbewegung über den Nachkommen von Cairpre auf den Halden von Cnámross.
3 Conns Enkel liegen, mit neuntausend (Männern) sind sie niedergemetzelt worden, die edlen Söhne des Stammes eines berühmten Königs: Eochu, der liebe Eochaid Domplén,
5 der große Fiachu Raiphtine, ein tätiger, blutiger König. Traurige Meldung! Ich bin betrübt über die Krieger in (ihren) blutigen Grabstätten.

15. Zweite Totenklage für die Söhne von Cairpre Liphechair

7 alius dixit:

1 Māir mairtt, tri maic mārrīg, maic Cairpri caīne ānrīg:
 Eochu, Eochaid drauc Domplēn, daith ruire
3 ruad Raiphtine Fiachu fothad feuchair [f]orbdine.

Und ein anderer sagte:

1 Berühmt sind die Gestorbenen, die drei Söhne eines Großkönigs,
   die Söhne von Cairpre, dem edlen, vornehmen König.
2 Eochu, der schreckliche Eochaid Domplén, der rote Fiachu Raiphtine, ein tätiger König, eine unbeugsame Stütze für seine Erben.

16. Eulogie für die Söhne von Bresal Béolach

In Bresal Bēolach-sa trā dā mac leis .i. Ēnna Nia 7 Labraid, de quibus
Lugair dixit:

1 Lāmair lergga   lāna slōg slōgadach
   scēo lāthaib   Laīdech Labraid,
   [item idem ait:]
3 līnais Nia nīthach sab   slōgaib cach airrīg ārchoin,
   combuig dorar ndian: da mac buadaig Bresuail.

Dieser Bresal Béolach hatte zwei Söhne, nämlich Énna Nia und
Labraid, über die Lugair sagte:

1 Labraid Laídech trat mit seinen Scharen Halden voll von Truppen
   und Helden entgegen,
3 Nia, der streitbare Kämpe, sättigte den Kriegshund jedes Vasallen an Krieger(leichen), er gewann eine schwierige Schlacht: (das
   sind) die Söhne des siegreichen Bresal.

17. Die Nachkommen von Nuadu Necht

Trī meic Nuadat: Gnāthaltach senathair na trī Fothad, et Baīscne
senathair Find 7 Fergus Fairrce senathair rīgraide Lagen, amal asbert Find File mac Rosa:

1 Tri Fothaid fīrmaic   Maicniad, Lugdach luind, Dāiri Deirg;
   daig garg Gnāthaltach,   gāir nīth⟨o⟩ Nuadu Necht.
   ⟨. . . . .⟩
3 Di gabail gelfine   Gailēoin Find Fer Umaill,
   argg tricc Trēnmōr   trius, [sōer] sanb Soalt,
5 sōer brīg Baīscne,   bodbda nār Nuadu Necht.
   ⟨. . . . .⟩
   [Lond Lugaid] Find Fili, Ross   Ruad roth, Fergus fiadu
7 fairgge, niad   Nuadu Necht mind.

Drei waren die Söhne von Nuadu: Gnáthaltach der Vorfahre der drei
Fothad, Baíscne der Vorfahre von Find, und Fergus Faircce der
Vorfahre des Leinsterer Königshauses, wie Find Fili mac Rossa sagte:

1 Die drei Fothad sind echte Söhne Maicnias, des grausamen Lu-
gaids, Daire Dergs; eine heftige Flamme war Gnáthaltach, ein
Kriegsruf war Nuadu Necht.

3 Aus einem Zweig der Nachkommenschaft von Galian (stammt)
Find Fer Umaill, ein tätiger Held war Trénmór als dritter, ein
[edler] Plünderer war Soalt, eine edle Kraft war Baíscne, streitbar
und großmütig war Nuadu Necht.

6 Find Fili, der berühmte Ross Ruad, Fergus Herr der See, Nuadu
Necht das Juwel der Kämpen.

Anhang 1:

18. Eulogie für die beiden Énna

1 Māir drecain da Ēnnae,   huī nīthaig Nuadat,
   nascad giallu   Gāedel co nertmar, Necht.

1 Große Drachen sind die beiden Énna, die Enkel des kriegerischen
Nuadu Necht, der die Geiseln der Gälen kraftvoll zu fesseln
pflegte.

19. Eulogie für Eochu mac Énnai Chennselaig

1 Eochu art arachridethar cathrōe,   +coic donrodoman
   dieblad+, dofeid fiana   fo mindaib mac Labrado.

3 Lāmthort n-irgala hua Béolaig   Bresail, bress Elggae, [anblod
anruth]
   roort nāmait   nēit, uath for ascaid niaid.

5 Niambrao, ānblad ānrath,   airēl ārscēo neimnech,
   niachmacc Ethne,   hua Cuirc Carmain.

1 Eochu, ein Bär, dem das Schlachtfeld am Herzen liegt, + ... +,
er führt vereidigte Kriegerscharen, der Abkömmling von Labrad.

3 Der Enkel von Bresal Béolach, Irlands Kämpe, ist im Kampf ein
furchtbarer Gegner, er hat den Feind getötet, er ist ein Schrecken
für den Nebenbuhler.

5　Strahlender Mühlstein, glorreicher Prinz, giftiges (Leichen)bett im Kampf, heldenmütiger Sohn von Ethne, Enkel von Corc von Carman.

Anhang 2:

20. Eulogie für die Söhne von Cú Chorbb

Ethne ingen Mūisc l- magis Corpri Mūisc ut alii dicunt māthair Corpri 7 Messin-Corb 7 Cormaic 7 Niad-Cuirp 7 eirrid cadessine, argat a n-eneclann. Is dona cethrib brāithrib-sin ro chachain in file:

1　Nia Corbb, Corbmacc, Cairpre　caīne airt Ara, oirt airgtib, ocus Messincorbb, cōem eirr,　arachliched cairptib.
3　Caīn cethrar brāthar buirr, bresta fian,　forraigtis forlonn: fris- maccu ni -gaibed Con　Cuirbb comlonn.

Ethne, Tochter von Músc – oder, genauer gesagt, von Cairpre Músc, wie andere sagen – war die Mutter von Cairpre, Messincorbb, Cormac und Nia Corbb; auch sie waren Krieger, und ihr Wergeld mußte in Silber bezahlt werden. Über diese vier Brüder sang ein Dichter:

1　Nia Corbb, Corbmacc, Cairpre Ara, ein edler Bär – er tötete in den Plünderungen –, und Messincorbb, ein schöner Krieger, der mit den Wagen abzuwehren pflegte.
3　Eine edle Mannschaft von vier mächtigen Brüdern, eine kampfbereite Kriegerschar, sie pflegten eine Übermacht zu besiegen: keine zahlengleiche Macht zügelte die Söhne von Cú Chorbb.

21. Die Schlacht von Cnámross; dritte Totenklage für die Söhne von Cairpre Liphechair

1　In cath hi Cnāmrus, ni chēlam,　coscrad rīgi: tri rīg dorochratar ann　ocus tri thri mīli.

1　Die Schlacht von Cnámross – wir werden es nicht verbergen – war die Zerstörung eines Königreiches: dort fielen drei Könige und dreimal dreitausend (Krieger).

Anhang 3:

22. Eulogie für einen Heiligen

1　Nibu chrāeb chrīnḟeda
　　Colum mac nār Nainnida

3   hua Nadstāir co sōerachtaib
3a [huais hua Crimthainn Bic]
3b [meic Echach meic Ōengusso]
3c [meic Crimthainn Āin airegdæ]
    ar ba bunad fīrílatha,
5   fēda fīriāin fidnemid
5a [caīn Cathaīr comarbus]
    ⟨. . . . .⟩
6   mār mess cona hilblasaib
    huas cinn chuiri chrāeb.

Kein Ast eines altersschwachen Baumes war Colum, großmütiger
Sohn von Nainnid, Enkel des edlen Nadstár, denn er war der Ursprung eines echten Königtums, der Herr eines wahrheitsgemäßen
Heiligtums, ⟨...⟩ eine edle Frucht von reichem Geschmack, oberhalb
einer Unmenge von Ästen.

ANMERKUNGEN ZU DEN TEXTEN

Text 1

1. *ŌenMōen:* Die Lesart aller Handschriften ist *Moen oen*, was aber Verdacht erweckt, denn *ōen* hat eine lobende Bedeutung – wie wir sie eben hier erwarten – nicht als Attribut, sondern als Vorglied von Nominalkomposita (vgl. Contr., O 101 u. O'RAHILLY 1977, 193f.). Wir können daher vermuten, daß die echte Lesart *Ōen-Mōen* war und daß die Korruptel dadurch entstand, daß im Archetyp *oen* über *Moen* geschrieben war, so daß in einem Subarchetyp das Ganze als *Moen oen* unrichtig transkribiert wurde.

Determinativkomposita dieser Art, in denen das Hinterglied ein Eigenname ist, sind in der irischen Dichtung häufig, obwohl sie nie *ex professo* studiert worden sind; er sei hier nur an einige erinnert: *roḞiachu* (Text 14,5), *ro-Themra* (MD 2,68,44), *būaid-Bairchedo* (MEYER 1914, 21), *lecht-Fhánaid* (DDána 107,15), *sen-Phóil* (CARNEY 1983a, 33) usw.

In den anderen idg. Sprachen sind diese Komposita selten bezeugt: bei Homer finden wir Δύσπαρις (Γ 39 usw.) und Κακοΐλιος (τ 260 usw.); nach dem ersteren wagte Euripides ein Δυσελένα (Or. 1388). Im Veda ist das einzige sichere Beispiel *mahendrá* „Du großer Indra" (AV); im Altenglischen ist *hređGotum* bezeugt (Widsith), das augenscheinlich als „den Ruhm-Goten" zu interpretieren ist, dessen ursprüngliche Form und Bedeutung jedoch nicht unumstritten sind. Diesen sind Orts- und Völkernamen hinzuzufügen, die in einigen Gebieten gut bezeugt sind, aber geographische und ethnographische Realitäten voraussetzen, die der idg. Kultur fremd waren: Dies ist der Fall bei gr. Παλαιγάμβριον, Ἀκροκόρινθος, russ. *Belorus*, d. *Nordgermanen* usw. Im ganzen bleibt die Frage, ob im Indogermanischen die Eigennamen in die Nominalkomposition eintreten konnten, noch im dunkeln.

1. *ō ba nōediu, ba noos ardrīg:* MEYER (1914, 10) folgt der Lesart der Handschriften *ō ba nōid, nī bu nōs ardrīg* „... seit er ein Kind war – nicht war es die Sitte eines Oberkönigs –"; dies bringt aber zwei Schwierigkeiten mit sich. Erstens, obwohl er behauptet (ib., Anm. 1), daß *nōed* eine „häufige Form statt *nōediu*" ist, lassen uns die Angaben von Contr. (N 55) vermuten, daß dieses das einzige

Beispiel solch einer apokopierten Variante wäre. Zweitens wäre es
ziemlich grundlos anzunehmen, daß die Oberkönige in ihren
Jünglingsjahren ihre Feinde nicht zu töten pflegten, denn sowohl
die irische Tradition wie auch die anderer idg. Stämme ist reich
an Helden, die frühzeitig ihre kriegerische Berufung offenbarten
(vgl. FALAKY NAGY 1984). Ich vermute daher, daß die Stelle
korrupt ist und daß wir nicht *nōed ni*, sondern *nōediu* zu lesen
haben. Die Korruptel entstand meiner Meinung nach dadurch,
daß die drei Vertikalstriche am Ende von *nōediu* (oder vielleicht
von *nōedin*, der späteren Form von *nōediu*) als *ni* verlesen wurden. Unsere Emendation macht auch den Gedankengang klar,
der der Strophe unterliegt: die zukünftigen Oberkönige pflegten
schon in ihren Jugendjahren Feinde zu töten; das tat auch Labraid, er war also prädestiniert, ein Oberkönig zu werden.

2. *ort rīga:* in Prosa *roort r.* (vgl. Text 19,4). In den idg. Kulturen war
das typische Merkmal des Helden seine unermeßliche Fähigkeit
zum Töten (für weitere Beispiele dieses Topos s. CAMPANILE 1977,
118f.).

   ŌenMōen ... ort rīga: in diesen Texten finden sich die folgenden Wortstellungen, die von der im Altirischen normalen (VSO)
abweichen:

   (a) SV(O): *ŌenMōen ... ort rīga;*
   (b) OV(S): *conda fergga fillsat tri huī Nuadat Necht* (8,4);
   (c) Indirektes Komplement + Verb: *di ōchtur Alinne oirt* (5,3);
   (d) VOS: *lāmair lergga ... Labraid* (16,1f.);
   (e) Endstellung des Verbs (mit einem suffigierten epanalepti-
        schen Pronomen): *flaith nGōedel gabsus* (1,6);
   (f) Endstellung des Verbs (*lex* Bergin): *maicne n-Ailb āirmi* (7,2);
   (g) Tmesis des Verbalpräfixes und Endstellung des Verbs: *tricha
        fuirech fo- brōn -bebsat* (2,2; oder: *fo brōn bebsat*, ohne die
        Tmesis?);
   (h) Tmesis des Verbalpräfixes ohne Endstellung des Verbs: *fris-
        maccu ni -gaibed Con Cuirbb comlonn* (20,4; oder: *fri maccu ni
        gaibed* usw. = (c)?).

Was die ersten drei Kategorien betrifft, bestätigen unsere Materialien die von CARNEY (1978/9) festgestellte Regel: folgt das
Verb am Anfang des Satzes dem Subjekt oder dem Objekt, so
nimmt es die konjunkte Form an; folgt es dagegen einem indirek-
ten Komplement, so kann es beliebig die konjunkte oder die
absolute Form annehmen.

2. *rout* „Wurf" impliziert, daß Labraid die typische Waffe der iri-
    schen Krieger benutzte, d. h. den Speer (das Schwert war in der
    Tat weniger üblich, obwohl auch es bekannt war; vgl. BAUERS-
    FELD 1933 u. JACKSON 1964, 15). *rout* ist wahrscheinlich zweisil-
    big (Contr., R 105).

3. *lāithe gaile* ist eine häufige Redensart (wörtl. „wütende Krieger");
    dieselben Elemente kehren im Kompositum *gallāith* (*gallāth* 4,4)
    wieder, wenn man unsere Emendation annimmt. Zur Etymologie
    von *gal* s. DILLON (1968).

3. *Gailiain:* Der erste Vokal könnte auch lang sein (vgl. MD 2,46
    usw.). Die Gailiain waren ein vorkeltisches Volk Nordleinsters;
    wie O'RAHILLY (1946, 22 u. 459) bemerkt hat, ist dieser Name oft
    nicht im Plural, sondern im Singular belegt. Was die Völkerna-
    men betrifft, zeigt auch das Griechische von Herodot an dieselbe
    Eigentümlichkeit, was WACKERNAGEL (1926, 93f.) als eine grie-
    chische Neuerung interpretierte, die ursprünglich nicht ein Volk,
    sondern seinen König bezeichnet hätte. Da aber dasselbe auch im
    Altpersischen (z. B. DNa 46) und im Indischen (z. B. in den
    Aśoka-Inschriften) geschieht, ist es wahrscheinlich, daß diese
    Praxis schon idg. Ursprungs ist.

4. *sin* alliteriert mit *slōg*.

5. *gāelsit.* Die Lesart *glinnsit*, die MEYER (1914) aus den Handschrif-
    ten übernahm, ist sicher korrupt, denn *glinnid* (Denominativ aus
    glinn „sicher, fest, wirklich") kann nur „sicher-, festmachen,
    verwirklichen" bedeuten, während der Kontext etwas wie
    „(Schlachten) gewinnen (oder schlagen)" verlangt. Übrigens war
    sich MEYER selbst dieser semantischen Notwendigkeit bewußt, so
    daß er *glinnsit* mit „(sie) gewannen" übersetzte, was aber unbe-
    gründet ist: vgl. *glinnsius salmu* (STOKES 1899, § 54) „er machte
    das Psalmenbuch sicher (d. h. fehlerfrei)"; *config figlestar o gnim
    glinnistar* (ib. § 127) „was er während des Wachens geplant hatte,
    das verwirklichte er durch seine Tätigkeit". Es ist daher nötig,
    glinnsit zu tilgen und es durch ein Verb zu ersetzen, das mit
    glonnach alliteriert und „gewinnen" (oder „schlagen") bedeutet.
    Das ist aller Wahrscheinlichkeit nach *gāelsit*, ein poetisches und
    archaisches Verb, das diese beiden Vorbedingungen erfüllt.
        Endlich sei bemerkt, daß sich einige Abschreiber der Tatsa-
    che, daß *glinnsit* keinen Sinn gibt, so bewußt waren, daß sie es

durch *gniset* „(sie) machten" entweder glossiert oder ersetzt haben.

5. *ler:* gegen die Handschriften liest MEYER (1914) *lir*, was aber unnötig ist, denn das ist ein weiteres Beispiel der von WAGNER (1982) entdeckten Regel, nach der ein Nomen, das von einem anderen Nomen abhängt, anstatt im Genitiv zu stehen, im selben Kasus stehen kann wie das regierende Nomen (mit beliebiger Wiederholung der Präposition, falls eine solche vorhanden), z. B. *fiadnaib cuimnib* (Bürgschaft § 59) „durch die Erinnerungen der Zeugen" (wörtl. „durch die Zeugen, durch die Erinnerungen"); ein anderes Beispiel dieser Regel ist am V. 7. Ich bin jedoch nicht so sicher wie Wagner, daß sie idg. Ursprungs ist.

5. *iath n-Ēremōin:* Die Länder von Ēremōn, einer mythischen Figur der Vorgeschichte Irlands, sind der südliche Teil der Insel.

6. Die Lesart von MEYER, die sich mehr auf die Glossen als auf den Text der Handschriften stützt, ist folgende: *is īarna longis Lōchet Longsech fīan flaith Gōidel gabsus* „Nach seiner Vertreibung nach Lōche ergriff der Vertriebene die Herrschaft über die Kriegerscharen der Gälen". Ein Ort namens Lōche ist aber sonst unbekannt (vgl. O'RAHILLY 1946, 111, Anm. 2); und in der Tat ist *lōchet fīan* „die Leuchte der Scharen" nur eine dichterische Metapher, die Labraid bezeichnet; seinerseits war *Longsech* ursprünglich nur eine Glosse zu *lōchet fīan*, die in einer Handschrift in den Text eintrat. *iarna* (nur in einer Handschrift) enthält ein in der poetischen Sprache überflüssiges Possessiv.

6. *nGōedel:* Die Nasalisierung wird in den Handschriften nicht angegeben, ist aber nötig; vgl. BREATNACH 1977, 83, Anm. 42.

6. *gabsus* enthält ein suffigiertes epanaleptisches Pronomen: „die Herrschaft, er verlangte sie"; dieselbe syntaktische Struktur z. B. in STOKES 1899, § 57: *libru Solman sexus* „Salomons Bücher, er folgte ihnen". GREENE (1977), der unseren Vers bespricht, stellt seine Archaizität in Abrede, da *Gōedel* eine Entlehnung aus dem Britischen ist; in der Tat wissen wir aber nicht, wann die ersten britischen Entlehnungen ins Irische eintraten.

6ab. Vom metrischen Gesichtspunkt aus ist diese Strophe, anders als die übrigen, reich an Ungenauigkeiten: (a) es fehlt die Alliteration zwischen 6a und 6b; (b) es fehlt die Alliteration zwischen 6b und

7; (c) *arddu* und *dōenaib* bleiben außerhalb der Alliteration. Von dem stilistischen Gesichtspunkt aus bemerke man, daß *hua Luircc* (6a) eine bloße Wiederholung von *hua Luircc* am V. 2 darstellt und daß der begriffliche Inhalt dieser Strophe derselbe ist wie der der folgenden: Labraid ist erhabener als alle anderen. Aber während in der folgenden Strophe diese Superiorität auf die traditionell heidnische Weise ausgedrückt wird (Labraid wird als ein Gott gefeiert), wird hier sorgfältig präzisiert, daß er erhabener ist als jedes Wesen, aber nicht auch als Gott (dieselbe Vorsicht in MEYER 1919, 7: *dobādi sis . . . cach rīg acht Rīg nime* „jeden König vernichtet er, nur den Himmelskönig nicht"). Diese Präzisierung verrät eine fromme, christliche Hand, und daher behauptete CARNEY (1971, 70), daß das Kolon *acht usw.* den Urtext ersetzt hat. In der Tat ist die ganze Strophe eine christliche Interpolation, wie auch die metrischen Ungenauigkeiten beweisen. „Christliche" Interpolationen gibt es auch in anderen irischen Texten (vgl. Ó CONCHEANAINN 1982); im allgemeinen werden sie aber dem Text hinzugefügt, während es sich hier um einen Ersatz handelt, der aber deshalb sein Ziel verfehlte, weil der Abschreiber sowohl die alte, zu eliminierende Strophe wie auch die neue niederschrieb.

6a. *grīb* „Gerfalke" ist eine übliche Metapher für „Krieger", vgl. MEYER 1919, 123: *ūa Bressail Bricc, grīb thuir thricc thressaig* „der Nachkomme von Bressal Brec, ein Gerfalke, ein schneller und streitbarer Herrscher".

7. Die metrische Struktur verlangt, daß das Anfangswort dieser Strophe mit *gabsus* (V. 6) alliteriert. Tilgen wir *ōr*, das durch Dittographie entstanden ist, alliteriert *gabsus* regelmäßig mit *grēin*.

7. *dōenib domnaib:* das ist die Lesart der Handschriften, die nicht korrigiert werden sollte (MEYER schreibt *dōene domnaib*), denn sie bewahrt ein weiteres Beispiel der von WAGNER entdeckten syntaktischen Regel (s. Anm. zu V. 5). MEID (1976, 178, Anm. 17) meint jedoch, daß die ursprüngliche Lesart *for doine domnaib sceo dee* „über die Welten der Götter und Menschen" war.

8. Den Text und die Interpretation dieses Vers habe ich, anders als die anderen Herausgeber, auf folgende Erwägungen gegründet; (a) *scēo* verbindet *domnaib* und *deeib* nicht, denn das würde impli-

zieren, daß Labraid als der neue Obergott betrachtet wird, wofür
es kein anderes Beispiel gäbe, weil die Vergöttlichung eines Königs das Pantheon bereichert, nicht aber umgekehrt; (b) *scēo* ist
daher als Satzkonjunktion aufzufassen (vgl. STOKES 1899, § 61 f.:
legais runa ... sceo ellacht imhuaim n-eisci im rith ⟨ngrene⟩ „Er las
die Geheimnisse ... und setzte die Bewegung des Mondes in
Beziehung mit der der Sonne"); (c) *deeib*, das zum zweiten Satz
gehört, ist hier ein Komitativ (*deeib dia* „Gott mit/unter den
Göttern", vgl. ṚV 1,1,5 *devo devebhir ā gamat* „mit den Göttern
soll der Gott herkommen"). Über die Etymologie und den Gebrauch von *scéo* s. BINCHY 1960.

8. *ōenrī:* obwohl die Handschriften *ōenrīg* haben, kommt das End-
    lob zweifellos nicht Labraids Vater, sondern Labraid selbst zu;
    daher müssen wir *ōenrī* lesen: der Abschreiber hat sich vom
    vorangehenden Genitiv beeinflussen lassen.

Text 2

1. *ruad Tuaim Tenbath:* Einige Handschriften haben *ropo Thuaim
    Tenbath* „das (früher) T. T. war", was aber nur eine überflüssige
    chronologische Feststellung wäre. Wir wollen dagegen daran er-
    innern, daß die einheimischen Gelehrten Tuaim Tenbath, den
    alten Namen der Stadt, als „Hügel des Feuertodes" interpretier-
    ten; der Dichter zitiert ihn also, um zu unterstreichen, daß das
    Schicksal der Stadt schon in ihrem alten Namen implizit war
    (*nomina omina*): „Dind Rīg, das durch das Feuer, wie sein ur-
    sprünglicher Name vorahnen ließ, zerstört worden ist, usw.".

    Die irischen Dichter lieben es manchmal, mit den Namen zu
    spielen; es sei hier z. B. an ein Bruchstück von Colmán mac
    Lénéni (THURNEYSEN 1933) erinnert, wo Fergus als eine echte
    „Männermacht" (*gus fer*) gefeiert wird.

2. *fuirech* ist eine treffliche Emendation von MEYER, die sich auf
    fariach (LL 270a) stützt, während die übrigen Handschriften
    n-airech (oder dgl.) haben. *n-airech* ist aber syntaktisch unmög-
    lich (*tricha* nasaliert nicht) und metrisch fehlerhaft, denn es un-
    terbricht die Alliterationskette. *fuire*, das nur hier bezeugt ist
    (was die Entstehung der Korruptel erklärt), ist ein transparentes
    Kompositum von *fo* „unter" + *aire* „Führer", das den Alliierten

von Cobthach gut zukommt, die keine Großkönige (*ardrīg* in der Einleitungsprosa), sondern vielmehr unter seinem Befehl stehende Häuptlinge waren.

2. *fo* ist hier entweder Präposition (*fo brōn* „unter Schmerz", vgl. *atcondairc setig fo brón* „he saw his wife in grief" Thes. 2,329,48) oder Verbalpräfix (*fobebsat*). Die letztere Hypothese ist meiner Meinung nach vorzuziehen, da sie dem Stil dieser Texte besser entspricht, die sprachliche Erscheinungen künstlich bewahren, auch nachdem sie aus der lebenden Sprache verschwunden sind; in der Tat ist *fo ... bebsat* nicht weniger archaisierend als Anakreons ἀπό ... θανεῖν (42,1).

Ist *fo* ein Verbalpräfix, so ist *brōn* ein apräpositioneller Dativ (= *fo brōn* oder *i mbrōn*, gl. *in merore* Ml. 108all), was ein anderes typisches Stilem der poetischen Sprache darstellt (vgl. *deeib* 1,8; *bárcaib* 8,2; *comfebaib* 10,1; *crolechtaib* 14,6 usw.). Das Verb *fobá* „stirbt" ist bisher nur in *Audacht Morainn* 140 (KELLY 1976) bezeugt.

3. *brēosius: bréoid* „zertritt" ist von *bréoid* „verbrennt" zu trennen (vgl. GREENE 1955, 26).

5. *sanb:* nur um dieses Wort nicht unübersetzt zu lassen, haben wir es als „Plünderer" aufgefaßt, wie WAGNER (1977) vorgeschlagen hat, der es mit ved. *sānuka-* etymologisch verbindet, dem er die Bedeutung „seeking spoils" zuschreibt. In der Tat sind sowohl die Bedeutung des vedischen Wortes wie auch seine etymologische Verknüpfung mit *sanb* ganz unsicher.

6. *sochla:* ein altererbtes Epitheton, das mit gr. εὐκλεής, ved. *suśravas-*, av. *husrauuah-*, ill. *Vescleves* zu vergleichen ist und einen in der idg. Kultur wesentlichen Wert zum Ausdruck bringt (SCHMITT 1967, § 140f.).

7. *athair athar Olloman:* Der Vater des Vaters von Oengus Ollam Amlongaid ist Labraid Mōen.

Text 3

1. *cēis:* sie war ein wesentlicher, aber für uns heute nicht mehr identifizierbarer Teil der Harfe; um etwas Unnützes zu bezeichnen, war *crott cen chéis* „Harfe ohne *céis*" (s. Contr. C, 104) eine sprichwörtliche Redensart.

1. *do* (= *de*) verbindet hier zwei Substantive, von denen das letztere
    die Quelle bezeichnet, von der das erstere kommt.

1. *Craiphtini:* zur Etymologie dieses Eigennamens siehe (mit Vorbe-
    halt) O'RAHILLY 1942, 184.

2. *sluagu:* es handelt sich um die Leibgarde von Muiriath.

2. *suanbās:* „tödlicher Schlaf", d. h. ein Schlaf, der so tief ist wie der
    Tod. Die Analogie zwischen dem Tod und dem Schlaf haben auch
    andere idg. Kulturen aufgegriffen und zum Ausdruck gebracht,
    sie ist aber etwas so Elementares, daß sie vom Gesichtspunkt der
    Rekonstruktion der idg. Kultur keinen Wert hat. Eine Verglei-
    chung mit ὕπνος θανάτοιο (Hes. fr. 278 Merk.-West), das unserem
    suanbās formell entspricht, aber den Tod bezeichnet, wäre daher
    fehl am Platze.

3. Die Lesart der Handschriften ist *consert coibnius eter/etir sceo
    Moin Moriath macdacht Morca* (die Nebenüberlieferung [Orgain
    Denna Ríg] hat aber *consreth*). THURNEYSEN (1920) liest *con·sert
    coibnius etirre* (oder *etarru*) *scéo Móen Moriath macdacht Morca*
    „es knüpfte Verwandtschaft zwischen sich und Moin die herange-
    wachsene Moriath von Muirc". Gegen diese Interpretation muß
    aber eingewendet werden, daß *coibnius* „cognatio, Blutverwandt-
    schaft" bedeutet, was etwas anderes ist als ein Eheband oder ein
    Geschlechtsverkehr. Daher vermute ich, daß die gute Lesart
    nicht *coibnius*, sondern *cuibdius* „Harmonie" ist; das impliziert
    auch die Umstellung von *sceo* und *Mōen*.

4. *lōig* (*log* codd.) ist eigentlich „compensation, payment, price,
    purchase-price"; in unserem Falle handelt es sich um den Preis
    (*tindscra, coibche* usw.), den ein Mann dem Vater eines Mädchens
    oder seinem Volk oder sogar dem Mädchen selbst zu bezahlen
    hatte, damit es ihm zur Frau gegeben wurde (vgl. THURNEYSEN
    1936a). Der Vers sagt daher wahrscheinlich aus, daß Labraid
    dem Mädchen so lieb war, daß es seiner Liebe nachgab, ohne die
    traditionellen Formalitäten zu erwarten.

Text 4

1. *lug* „Luchs" ist eine Metapher für „Krieger" (*lug* .i. laoch O'DA-
    VOREN 1202, STOKES 1904); derartige Metaphern, die den Krieger

als ein aggressives und mächtiges Tier schildern, sind in der keltischen Dichtung häufig: In unseren Texten finden wir z. B. „Drache" (15,2 u. 18,1), „Gerfalke" (1,6a) und „Bär" (19,1 u. 20,1). In einigen Fällen („Drache" und „Gerfalke") stammt der Tiername zweifellos aus dem Latein, das Stilem ist jedoch immer einheimisch (für ähnliche Metaphern im *Canu Aneirin* s. JACKSON 1969).

1. *scāl* „Gespenst, übermenschliches Wesen" ist mit got. *skohsl* „δαίμων" etymologisch verbunden, was aber keineswegs impliziert, daß sie beide eine idg. Etymologie besitzen. Das von HAMP (1963) rekonstruierte *$skeA^w$* bleibt daher unbewiesen. Zu dem Genus und der Urbedeutung von *scál* s. O'BRIEN 1932, 89. Zur etymologischen Frage s. auch MEID (1963).

2. *fo nimib* „unter den Himmeln"; eine ähnliche Redensart auch in MEYER 1919, 115: *teglach fo theglach ind fir ni fil fo nim* „ein Hausgesinde wie seines gibt es nicht unter dem Himmel".

3. *arddu deeib dōen* „Mensch erhabener als die Götter" ist ein weiteres Beispiel der „Vergöttlichung" der Könige, die ein typisches Element der idg. Kultur darstellt (s. die Anm. zu 1,7). Zu *dóen* s. MEID 1976.

4. *gallāth:* Die Handschriften haben *gablach*, das MEYER akzeptiert und als „reich an Verwandten oder Nachkommen" interpretiert (*gabul* „a fork, a forked branch of tree, a bifurcation, a branch of a river, *fig.* a branch or a ramification of a family", Contr., G 7f.); *gablach* alliteriert aber mit dem Anfangswort des zweiten Kolons nicht, was eine Korruptel vermuten läßt. Wir schlagen daher vor, *gallāth* zu lesen, das die Alliteration bewahrt und sich auf die übliche Junctur *lāth gaile* (eig. „wütender Krieger") stützt. Paläographisch besser, aber lexikalisch weniger glaubhaft wäre *galláech*, da *láech* „Krieger", wie MACCANA (1976) bewiesen hat, der ältesten Dichtung unbekannt ist (was die Hypothese von WATKINS 1963, 241, Anm. 1 wenig wahrscheinlich macht, nach der *láech* keine Entlehnung aus dem Latein, sondern ein Erbwort wäre; über *láech* s. auch SHARPE 1979).

Text 5

1. *adrualaid = inrualaid:* Das vortonige Verbalpräfix *in* wird manchmal durch *ad* ersetzt (GOI, § 842); in *adrualaid iatha* bemerke man auch den Akkusativ der Richtung ohne Präposition.

2. *Fomoire:* ein mythisches Volk der irischen Vorgeschichte. Wie
    THURNEYSEN (1921, 64) bewiesen hat, ist dieser Name mit alt-
    nord. *mara* „Gespenst" verbunden; durch Volksetymologie
    wurde er oft aber zu *Fomóire* umgebildet (*mór* „groß"), das als
    „Riesen" aufgefaßt wurde.

2. *fo dōene domnaib* „unter Menschenwelten": es ist unklar, ob *fo*
    oder *for* zu lesen ist, da die Handschriften beides bieten. *for dōene
    domnaib* wäre letzten Endes mit einem *dativus incommodi* gleich-
    wertig (vgl. Contr., F 301), also etwa „gegen Menschenwelten,
    trotz (des Widerstandes von) Menschenwelten"; *fo dōene domnaib*
    gibt jedoch eine malerischere Darstellung wieder: die Felder sind
    durch die Leichen ihrer eigenen Herren zerstört, die sie bedecken.

    In *dōene domnaib* gibt es eine in der Dichtungssprache übliche
    Voranstellung des Genitivs (vgl. CARNEY 1983); es ist aber nicht
    auszuschließen, daß der Text ursprünglich *for doenib domnaib*
    hatte; vgl. die Anm. zu 1,5.

4. *Mess* alliteriert mit *(tuath)mār.*

4. *Delmann:* die Handschriften bieten sowohl *Telmann* wie auch
    Delmann; die Alliteration garantiert das letztere.

4. *Domnann:* Der Volksname *Domnainn* stammt aus kelt. *dubno-*
    „Welt" und enthält das von MEID (1957) und BENVENISTE (1969)
    untersuchte Suffix *-no-* „Repräsentant, Herr": also „Welther-
    ren".

Text 6

3. *Nōe* ist die archaische Form des Adjektivs *nua* „neu" (vgl. Thes.
    2,270,6) und ist mit dem gallischen Personennamen *Novios* iden-
    tisch, dessen Keltizität aber nicht unbestritten ist, da er bloß der
    lat. *Novios* sein könnte.

3. *Ladru* ist eine Entlehnung aus lat. *latro* „Räuber"; es ist jedoch
    nicht ausgeschlossen, daß es kein Eigenname, sondern ein Epithe-
    ton ist (vgl. *latar* [Nebenform von *ladru*] .i.laoch, O'DAVOREN
    830, STOKES 1904).

Text 7

1. *baīd:* Warum nicht *baeth* (Handschriften u. MEYER), sondern *baīd*
    zu lesen ist, wurde im Vorwort erklärt.

1. *bānān* ist kein Wort unbekannter Bedeutung, wie man in Contr., B 28 sagt, sondern ein Dvandva-Kompositum aus *bān* „rein" und *ān* „herrlich", das sich dadurch rechtfertigt, daß *ān* außerhalb der Alliteration bleiben würde, wenn es autonom wäre.

2. *dilmaīn:* Das *dilmain* der Handschriften wird von MEYER als *dīlmain* „freigemut" interpretiert, was aber *maicne* außerhalb der Alliteration lassen würde; man muß daher *dilmaīn* „wertvoller Schatz" lesen, dessen Hinterglied mit *maicne* regelmäßig alliteriert.

2. *āirmi* „du erwähnst": das ist ein wohlbekanntes Beispiel des sog. Bergin'schen Gesetzes (vgl. BERGIN 1938a u. GREENE 1977, 29): am Ende des Satzes nimmt das präfixierte Verb die prototonische Form an.

3. *būire bruithne derg:* MEYER liest *būire bruidne derg* „rotflammende Wut der Hofburg".

4. *dōel* wird von MEYER in dem üblichen Sinne von „schwarzer Käfer" interpretiert, was aber kaum ein lobendes Epitheton wäre; in der Tat bewahrt hier das Wort seine ursprüngliche Bedeutung „glänzend" (vgl. O'RAHILLY 1946, 477).

Text 8

2. *+cres+:* Dieses Wort bedeutet „Gürtel", was aber nicht in den Kontext paßt; ich vermute daher, daß sich ein Waffenname unter dem korrupten *cres* verbirgt, der sich am besten mit *crothsat* verbände; vgl. *rī Achaid Ūir ... crathaid in lūin* „Der König von Achad Ūr schüttelt die Lanze" (MEYER 1919, 17), *a sciath in tan focrotha* „wenn er seinen Schild schüttelt" (ib., 5) usw.

2. *Bodbae:* Bodb war eine irische Kriegsgöttin; hier ist der Genitiv von Bodb mit einem *epithetum ornans* gleichwertig (vgl. *Martia vulnera*, Aen. 7,182): „das +cres+ von Bodb" = etwa „das kriegerische +cres+". Ein ähnlicher Gebrauch von *Bodb* im Kompositum *Bodbrī* (*Bodbrī cūicid Ērenn uile* „der Schlachtenkönig der ganzen Provinz von Irland", MEYER 1919, 7).

2. *bārcaib,* Dativ ohne Präposition, fungiert hier als Ablativ oder Instrumental.

4. *conda fergga:* Da *cú* „Hund" metaphorisch den Krieger bezeichnet, ist *conda fergga* als „Wut von Kriegern" aufzufassen; vgl.
caínfael ilchonda „ein edler Wolf, der viele Hunde besitzt" = „ein
edler Prinz, der mit vielen Kriegern versehen ist" (nicht „ein
stattlicher vielgrimmer Wolf" MEYER 1914, 25 oder „lovely wolf
able for many hounds" MURPHY 1956, iii).

Text 9

2. *fiangal Find, Ailill acher, cōem Cairpre:* vgl. *Find fili, Ailill acher,
cōem Coirpre* im *fursunnud* von Laidcenn (MEYER 1913, 17,
Str. 13).

3. Hier bieten die Handschriften einen lückenhaften und korrupten
Text; MEYER liest *cāine dind dem i foat ollomain* „Im Dunkel der
herrlichsten Hügelfesten schlafen die Gewaltigen" (1914, 20),
wörtl. „Herrlichkeit von Hügelfesten das Dunkel, in dem sie
schlafen" (ib., Anm. 1), aber *foat* bleibt außerhalb der Alliteration. Ich ziehe daher *oat* „(sie) schützen" vor. *dem i* nehme ich als
eine Verlesung von *demin* „zweifellos".

3. *oat:* in Prosa *conoat.* Die Weglassung des Verbalpräfixes ist ein
typisches Merkmal des archaischen und dichterischen Stiles; vgl.
lāmair (= *rolāmair* „er wagte" 16,1), *glé* (= *roglé* „er erklärte"
STOKES 1899, § 53), *bath* (= *atbath* „er starb" ib., § 13), *fuaratar*
(= *fofuaratar* „sie fanden" CARNEY 1964, Z. 61) usw.

3. *ollamna:* Das Buch von Lecan hat *olloman* (Nom.). In historischer
Zeit bezeichnet *ollam* den Dichter, „who had completed the full
course of studies in a school for *filid,* and had been recognized by
a king as the chief poet of his kingdom" (MURPHY 1961, 26); in
den poetischen Texten (wie hier) bezieht es sich aber auch auf
Fürsten und Krieger, was vermuten läßt, daß seine ursprüngliche
Bedeutung etwa „Meister, chief" war. Auf diese Weise erklärt
sich auch sein Gebrauch als Eigenname (vgl. 2,7).

Text 10

1. *Conn* ist nicht *conn* „Oberhaupt" (MEYER), denn es handelt sich
um Conn Cétchathach, Sohn von Fedelmid Rechtaid, wie aus der
Einleitungsprosa erhellt.

1. *comfebaib:* präpositionsloser Dativ mit der Funktion des soziativen Instrumentals; zur Dependenz eines Instrumentals von einem Nomen vgl. *nāsunvatā sakhyam* „Freundschaft mit dem, der nicht Soma auspreßt" (ṚV 10,42,4).

2. *fáth*, ursprünglich „Prophezeiung" (O'RAHILLY 1942, 170), bezeichnet in der Fachsprache der Dichtung das Argument eines Liedes.

2. *fiu:* zu seiner Etymologie s. HAMP (1974, 270) und BADER (1969).

2. *Fedlimthe:* MEYER (der *Fedelmthe* schreibt) interpretierte es als einen Gen. sing., denn er ging von der Voraussetzung aus, daß die hier gefeierten Könige die beiden Söhne eines und desselben Fedelmid waren, während es sich in der Tat um Cathaír Sohn von Fedelmid Fer Aurglas und um Conn Cétchathach Sohn von Fedelmid Rechtaid handelt. Es ist daher wahrscheinlich, daß *Fedlimthe* ein Gen. pl. ist: „(Söhne) von Männern, die Fedelmid heißen" (vgl. *Fothaid* 17,1, Nom. pl.). Obendrein ist es auch vom morphologischen Gesichtspunkt aus unwahrscheinlich, daß *Fedlimthe* ein Gen. sing. ist, denn nur die weiblichen (nicht die männlichen!) Stämme auf *-i* können einen Gen. sing. auf *-e* (*-ias* in den Ogham-Inschriften) haben, wie schon MAC NEILL (1909, 357) bemerkt hatte. Daß das männliche *Fedlimthe* in unserem Text kein Singular ist, wird auch dadurch bestätigt, daß das oft zitierte *Fedlimthe* im *Senchus fer n-Alban* (BANNERMAN 1966, 154) sicher auf eine Frau bezieht: *da mac Fhedlimthe ingine Briuin* „die beiden Söhne von Fedelmid Tochter von Brion".

Text 11

1. *doss* eig. „Baum", hier metaphorisch „Gipfel".

3. *ba barr fíne* „er war der Wipfel der Weinrebe". Es kann merkwürdig erscheinen, daß ein König mit dem höchsten Zweig einer Weinrebe verglichen wird, aber man erinnere sich daran, daß die Weinrebe in Irland nicht gezüchtet wurde, so daß in diesem Falle jedes realistische Urteil unmöglich war: Was übrigblieb, war nur die exotische Konnotation. Etwas Ähnliches findet sich auch in der altnordischen Dichtung, wo ein Krieger „Apfelbaum der Schlacht" (Sd. 5) genannt wird, während wir heute lieber von

einer Eiche oder von einem anderen kräftigen Baum sprächen. Es wäre auch möglich, *fine* (nicht *fīne*) zu lesen (vgl. *gas fine cen dídail* „Sproß einer tadellosen Familie" Th. 2,295,13); man bemerke jedoch, daß wenigstens eine Handschrift explizit *fíne* hat.

4. *Elcga:* Variante von Elg, einem der dichterischen Namen Irlands.

4. *atmet:* die Handschriften haben *atmad*, eine späteren Form, die entstand, als *atmaid* das alte *addaim* ersetzte. MEYERS Emendation *addaimet* ist unnötig.

4. *lecht:* eig. „Grabstätte", hier „Tod, Ermordung".

4. *Luaigni:* ein etymologischer Versuch über diesen Volksnamen in O'RAHILLY 1946, 393 und WAGNER 1972, 87.

Text 12

1. *fichet:* Akkusativ, da *fiu* auch den Akkusativ regiert, vgl. *fiu mōr do maith Māel Fābaill* „Vieles Guten ist M. F. würdig" (MEYER 1919, 17), *fiu cluas* „der gehört zu werden verdient" (MEYER 1912, Str. 14) usw. (vgl. auch GOI § 249,5).

1. *fiu bed nath* „würdig sei das Lied": dieselbe Wortfolge (Präd. + „sein" + Subj.) in 1,8 (*dia is ōen Mōen*). Zum Inhalt vgl. *Ōengus oll, fonn fri nath* „der mächtige Oengus, ein Thema für Lieder" (MEYER 1919,8).

1. *bed:* Der Stil dieser Texte vermeidet im allgemeinen die Kopula und benutzt lieber den Nominalsatz; hier ist sie aber dadurch gerechtfertigt, daß sie die Imperativfunktion zum Ausdruck bringt. Ähnlich ist sie in 1,8 dadurch gerechtfertigt, daß sie dem vorausgehenden *gabais* gegenüber eine zeitliche Opposition realisiert.

1. *nath n-airech fordarc:* MEYER liest (mit den Handschriften) *n-airec* und interpretierte die Stelle als „ein Lied von herrlicher Erfindung"; in diesem Falle würden wir aber nach dem Stil dieser Texte den Dativ *airiuc* erwarten. In der Tat haben wir hier ein weiteres Beispiel der von CARNEY (1983) studierten Wortfolge, in der eine Präposition, die ein Nominalsyntagma regiert, nicht die Anfangs-, sondern die Mittelstellung hat; es handelt sich um einen evidenten Archaismus, der in vielen anderen idg. Sprachen bezeugt ist.

2. *fri Fiachaich:* Die Lesart von zwei Handschriften *fri drauc Fiach-aich*, von MEYER angenommen, ist unmöglich, da *drauc* außer-halb der Alliteration bleiben würde. In der Tat entstand *drauc* aus einer Verlesung von *f̄darc* (das sie beide weglassen), was auch dadurch erleichtert wurde, daß *drauc* „Drache" eine übliche Me-tapher für „Krieger" ist.

2. *Fiachaich: Fiachu:* Was diese künstliche Iteration eines Eigenna-mens betrifft, finde ich etwas Ähnliches in Anakreon 303 Merk.-West:

$$\text{Κλεοβούλου μὲν ἔγωγ'ἐρέω,}$$
$$\text{Κλεοβούλωι δ'ἐπιμαίνομαι,}$$
$$\text{Κλεόβουλον δὲ διοσκέω.}$$

Zum Polyptoton in der griechischen Kultur s. W. BELARDI 1972, 141f.

2. *Fiachu ... Baiccedo:* man bemerke den künstlichen Gebrauch zweier Namen für dieselbe Person.

2. *brāithre:* Die Lesart *mbrāithre* (Rawl.), von MEYER angenommen, ist verfehlt, denn der Dativ sing. nasaliert nicht.

Text 13

1. *Bresual: Bresual* ist die archaische Form des Eigennamens *Bres-(s)al*, eines Kompositums von *bres* „Schlacht" und *fal* „König, leader". In *Contr.* gibt es kein Lemma *fal*, sondern nur ein Lemma *fál* „König", das in der Tat nur ein methaphorischer Gebrauch von *fál* „Zaun" ist und willkürlich auch drei Beispiele (aus Glos-saren) von *fal* „König, leader" enthält. Dieses *fal*, wie auch das kymr. *gwâl*, stammt von kelt. **walos* (vgl. altir. *faln-* „herr-schen"), das als Hinterglied von Personnamen besonders häufig ist: altir. *Conall, Domnall, Tuathal,* cymr. *Bydwal, Kadwal, Kyn-wal, Tudwal,* bret. *Catgual, Gurgual, Tutgual,* gall. *Atevalus* usw. (s. SCHMIDT 1957, 141 und LLOYD-JONES 1952, 607).

Die Lesart *Bresuail* (Gen.: nur in Rawl.) wird von MEYER als ein typisches Beispiel des Syntagmas angenommen, wodurch Substantiv + Apposition zu Apposition + Gen. des Substantivs wird (vgl. franz. *ce fripon de valet*). In der Tat ist *grian* in unserem Text keine Apposition, sondern Prädikat des Nominalsatzes, dessen Subjekt *Bresual* ist.

2. *lāthras bith* „der über die Welt verfügt", vgl. *lāthrais bethaid ban sceo fer* „er verfügte über das Leben von Frauen und Männern" (MEYER 1913, 31).

Text 14

1. *galgat* „Unglück": Der Gebrauch dieses Wortes ist auf dichterische und kryptische Texte beschränkt.

2. *Cairpri chlannaib:* da die unregelmäßige Wortstellung auch auf die Sandhierscheinungen einwirkt, muß man hier *chlannaib* (nicht *clannaib* mit den Handschriften und MEYER) lesen; zur Regelmäßigkeit der Sandhierscheinungen auch in der künstlichen Wortstellung vgl. *nom-Choimmdiu-coíma* „the Lord is indeed good to me" (MURPHY 1956, 4), *nīm āes n-argart nā hamnert nā hamlūth* „neither old age has hindered me nor strengthlessness nor lack of vigor" (MEYER 1916, 42) usw.

3. *legit huī Chuinn:* die Handschriften haben *lecit* (~ *lethit* ~ *lechit*) *mar* (~ *mara*) *meic hui Chuind*, aber *mā(i)r meic* (*māra* ist nur ein später Ersatz für *māir*, vgl. DILLON 1927) ist eine verfehlte Vorverlegung des folgenden *māir meic* in V. 4. MEYER liest *lēcil marbu, mocui Chuinn co nōi mīlib machta* „sie lassen Tote zurück, die Nachkommen Conns sind mit neun Tausenden erschlagen", aber *mocui* durchbricht hier die Regel, nach der es nur als Apposition zu einem vorhergehenden Eigennamen gebraucht werden kann (s. Contr., M 10).

3. *noī:* Wie andere Numeralia tritt *noī* in die Alliteration nicht ein.

3. *machta:* Zur Endstellung des Verbes s. MACCANA 1973 u. WAGNER 1977.

5. *Raiphtine roḞiachu:* man bemerke hier sowohl die Umstellung der Namen wie auch die einem Eigennamen präfigierte elative Partikel *ro* (vgl. Anm. zu 1,1).

6. *fē:* Einige Handschriften haben *fo* (d. h. *fó* „gut"), was ein Unsinn wäre.

6. *scīth* usw.: Unsere Lesart ist die von Lec. (abgesehen davon, daß es *lini* an der Stelle von *lim̃* liest); MEYERS Lesart (*scīth scuirsit limm lāithe aui Chuinn crōlechtaib* „traurig bin ich, daß die Krie-

ger von Conns Enkel sich auf Blutlagern zur Ruhe begeben haben") reproduziert wesentlich die von Rawl., ohne zu bemerken, daß *scīth scuirsit limm* eine unbegreifliche Wortstellung bietet, daß *aui* (*hui* Rawl.) *Chuinn* eine bloße Wiederholung von *hui Chuinn* am V. 3 in derselben Handschrift darstellt und daß *scuirsit* (*scuirid* „ceases, desists") unpassend ist, um das Liegen in einem Grab zu bezeichnen.

Text 15

1. *māir mairtt:* Schon im Archetyp drang die Glosse *māra mairb* in den Text ein, so daß Rawl. *mara mairb mara mairtt* und Lec. *mair mair mairt marb* hat. Meyer nahm die Lesart von Rawl. an, ohne zu bedenken, daß die männlichen Nominalprädikate auf *-a* der ältesten Sprache fremd sind, da die ersten sicheren Beispiele dafür nur in den Mailänder Glossen zu finden sind (Dillon 1927, 322). Nach der Rawl.-Hds. schreibt Meyer auch *trī maicc, trī mārrīg* „drei Söhne, drei große Könige", was wenig wahrscheinlich ist, da Cairpres Söhne unter ihres Vaters Befehl standen; daher ist die Lesart von Lec. vorzuziehen, die das zweite *trī* wegläßt.

2. *drauc* „Drache" ist ein Epitheton, das auch im Text 18,1 wiederkehrt.

3. *fothad* „Stütze": Meyer liest *fothath* und interpretiert es als ein Kompositum von *fo* „unter" + *táth* „joining", dem er die Bedeutung „Auflösung" zuschreibt; in der Tat handelt es sich nur um das Verbalnomen von *fosuidethar* „maintains, provides substenance for" (wir haben es als „Stütze" übersetzt, aber im irischen Wort gibt es eine stärkere praktische Konnotation).

3. *orbdine:* Die Form *forbdine* (Handschriften u. Meyer), mit anorganischem *f*, ist weder alt noch hier notwendig.

Text 16

1. *lāmair,* mit Weglassung des Verbalpräfixes *ro*; vgl. die Anm. zu 9,3.

1. *slōgadach,* eig. „reich an Heeren (*slógad*)".

2. *Laĭdech:* Die Handschriften und MEYER lesen *Laigniu* („Der kriegliebende Labraid wagte sich an Hügelseiten voller Kriegsscharen und mit Helden an die Männer von Leinster" MEYER); daß aber sowohl „Halden" wie auch „Leinsterleute" vom selben Verb abhängen, wäre zu kühn. Ich vermute daher, daß *Laigniu* schon im Archetyp *Laĭdech* (den Beinamen von Labraid: *laídech* „celebrated in lays" Contr., L 25) ersetzt hat.

3. *airrīg* ist unsere Emendation an der Stelle des unmetrischen *mā(i)rrīg*.

4. *combuig* eig. „brach" (= „gewann", vgl. *brissid*). MEYER meinte, daß *da mac* das Subjekt von *combuig* (Sing.!) sei und unterstrich die Ungewöhnlichkeit dieser Konstruktion. Seinerseits stellte sich THURNEYSEN (1936) die Frage, ob in der altirischen Literatur weitere Fälle dieser unregelmäßigen Konkordanz vorhanden seien und kam zum Schluß, daß es nur einen anderen gibt: *iarmiforid da mac* (Vita Trip. 202,16 St.). Was unseren Text betrifft, existiert jedoch dieses Problem nicht, da das Subjekt von *combuig* zweifellos *Nia* (nicht *da mac*) ist.

4. *Bresuail:* Über diesen Eigennamen s. die Anm. zu 13,1.

Text 17

1. *tri Fothaid:* Die Handschriften weisen den Artikel *na* auf (MEYER schreibt *in*, die ältere Form), aber diese Texte vermeiden ausnahmslos den Artikel, so daß sein Vorhandensein als ein Zusatz der Abschreiber betrachtet werden muß.

1. *firmaic* (auch *fir maic* wäre möglich): die Handschriften haben hier das korrupte *firsat*, das MEYER zu *fir sidi* emendierte, was aber die Alliteration bräche. Unsere Emendation wird vom paläographischen Gesichtspunkt aus leichter annehmbar, wenn wir voraussetzen, daß *maic*, wie es üblicherweise geschieht, durch das Kompendium *m̄c̄* geschrieben wurde.

1. *Maicniad, Lugdach luind, Dāiri Derg:* in dieser genealogischen Reihe gibt es keine Weglassung des Wortes „Sohn", wie MEYER vermutete (was einen sehr altertümlichen Zug darstellen würde, MEYER 1912a), da in *firmaic* „echte Söhne" *maic* nicht die Söhne *stricto sensu*, sondern vielmehr die Nachkommen bezeichnet. Unsere Interpunktion setzt diese Interpretation voraus.

3. *di gabail gelfine Gailéoin:* Eigentlich bezeichnet *gelfine* die agnati-
   sche Deszendenz von demselben Großvater; in unserem Falle, da
   hier Gailian als der eponymische Ahn der *Gailiain* (= Lagin)
   betrachtet wird, bezeichnet *gelfine* vielmehr die Deszendenz aus
   demselben Urvater; in dieser Bedeutung wäre *fine* passender.

4. *trius,* [*sōer*]: Die Handschriften haben *triur sōer,* das MEYER als
   eine *cheville* („eine adlige Dreiheit") interpretiert. *sōer* scheint
   aber nur eine verfehlte Vorverlegung von *sōer* des folgenden
   Verses zu sein, so daß das isolierte *triur* wenig Sinn hätte. Wir
   lesen daher *trius* „als dritter". Daß Trēnmōr der dritte in der
   Reihe ist, wird unterstrichen, um klarzumachen, daß der Name
   Find Fer Umaill sowohl Find selbst wie auch seinen Vater Umall
   bezeichnet. Zum Dativ *trius* vgl. *intoéntu inna æccalsa déde insin*
   et *hésom triuss* „the unity of the church, that is two, and he
   himself as the third" (Wb 7 c 8).

5. *bodbda* „streitbar" kommt aus dem Namen von Bodb, der irischen Kriegsgöttin; vgl. die Anm. zu 8,2.

6. [*lond Lugaid*]: Warum dieser Name zu tilgen ist, ist im Vorwort
   gezeigt worden.

6. *Fergus fiadu fairgge:* Diese lobende Aussage enthält in der Tat ein
   Wortspiel: *Fergus Fairgge* „Fergus-der-See" wird „Fergus Herr
   der See".

7. *niad* usw. Da hier die Handschriften korrupte und widerspre-
   chende Lesarten bieten, ist unser Text nur konjektural. *mind*
   „Juwel" ist ein übliches Epitheton für Helden, Könige und Hei-
   lige (vgl. Contr., M 144).

Text 18

1. *drecain* „Drachen": *drauc,* als Epitheton eines Prinzen, kehrt in
   Text 15,2 wieder.

1. *da Ēnnae* „die beiden Ēnna", ohne den Artikel, wie *tri Fothaid*
   (17,1).

2. *nascad* usw.: Man bemerke, daß es sich nicht um einen Relativ-
   satz (wie wir übersetzt haben), sondern um eine Parenthese handelt.

Text 19

1. *art* „Bär": dasselbe Epitheton kehrt in Text 20,1 wieder.

1. *arachridethar:* Denominativ von *cride* „Herz", nur hier belegt. Da das Herz nicht nur in der irischen Kultur, sondern schon in idg. Zeit als der Sitz der Leidenschaft betrachtet wurde (s. Renou 1956, 60 und Kellens 1974, 209; vgl. auch Redensarten wie lat. *cordi habere*, gr. περὶ κῆρι φιλεῖν usw.), sollte das irische Verb etwa „es liegt mir am Herzen, ich liebe" (oder dgl.) bedeuten. Vom syntaktischen Gesichtspunkt aus bleibt jedoch dunkel, ob das Subjekt des Relativverbs *Eochu* oder *cathrōe* ist.

1. *cathrōe:* Da *rōe* allein schon „Schlachtfeld" bedeutet, ist *cath* „Schlacht" semantisch überflüssig; das Kompositum kehrt jedoch auch in Meyer 1913, 40 wieder (*aeris trī cēta cathrōe* „Dreihundert Schlachtfelder pflügte er").

2. *fo mindaib* bedeutet wahrscheinlich „unter Eiden"; vgl. jedoch die Anm. 4 im Vorwort.

3. *lāmthort*, eig. „Handwucht".

3. *bress Elggae* „Kämpe von Irland" (auch im Text 13,2), d. h. „Oberkönig Irlands", ein lobendes Epitheton, dem keine Realität entsprechen konnte, da die Insel niemals unter einem König vereinigt war.

3. [*anblod anruth*] ist eine verfehlte Vorverlegung von *ānblad ānrath* (V.5).

4. *roort*, mit dem Präfix *ro*, das in den im *corpus* erhaltenen Verbalformen künstlich weggelassen wird: vgl. *o(i)rt* 1,2; 2,8; 5,3.

4. *ascaid:* Meyer liest *ascaib* (Dat. pl., mit den Hds.), aber der Dativ pl. von *ascae* „aemulus" ist *ascadib* (Ml. 3a3), so daß es passender ist, *ascaid* (Dat. sg.) zu lesen.

5. *ānblad:* Kein „Substantiv von unbekannter Bedeutung" (Meyer), sondern ein Kompositum von *ān* „herrlich" + *blad* „Ruhm".

5. *airēl:* nicht *airel*, wie Meyer schreibt.

5. *ārscēo* „Kampf, Gemetzel", Kompositum von *ār* „Massaker" + *scēo* „Schlacht".

Text 20

1. *caīne airt:* wörtl. „Adel eines Bären", d. h. „edler Bär".

1. *airgtib:* MEYER faßt das Wort als den Dat. pl. von *aircet* „hundert", also „(er tötete) zu Hunderten"; ich vermute, daß es der Dat. pl. von *oirged/airged*, dem Verbalnomen aus *oirgid* „tötet", ist, das „Plünderung, Massaker" bedeutet.

2. *eirr* bezeichnet eig. den Wagenkämpfer.

2. *arachliched cairptib: cairptib* fungiert hier als Instrumental; das unausgedrückte Objekt des Verbums sind die Feinde.

3. *caīn* usw.: wörtl. „edle Vierheit mächtigen Bruders (sg.!)"; über diesen Singular vgl. *an chethrair bráthar sin* „the said foure Brethren" (RSCl. 89b), das mit *na cethre bráithre sin* (ib. 89a) alterniert.

4. *fris-:* MEYER liest *fri maccu* und interpretiert den Vers folgendermaßen: „Gegen die Söhne Cū Chorbs hielt keine gleiche Zahl stand". Was aber die Präposition betrifft, verraten die Handschriften eine merkwürdige Unsicherheit (*fria ~ for ~ fri*), so daß ich vermute, daß die ursprüngliche Lesart *fris* war und daß die Sequenz *fris maccu* von den Abschreibern, die die Syntax der Stelle nicht mehr verstanden, korrigiert wurde, um die Normalsequenz „Präposition + Nomen" zu erlangen. Selbstverständlich ist *fris ... gaibed* ein Fall von Tmesis; in Prosa: *nī frisgaibed comlonn maccu Con Cuirbb*. Was die unübliche Wortfolge „Verbalpräfix" + Negation + Verb" betrifft, bietet *Audacht Morainn* 155 etwas Ähnliches: *con·bith-búirethar* „qu'il mugit toujours", AHLQVIST 1984, Anm. zur Stelle.

Text 21

1. *in cath:* Man bemerke das Vorhandensein des Artikels.

1. *ni chēlam:* Das Verb *ceilid* „verbirgt" wird gern in den *chevilles* benutzt (vgl. Contr., C 98f.).

1. *coscrad rīgi:* Die Handschriften und MEYER lesen *coscrad sīde* „Zerstörung des Friedens", was eine Banalität wäre, denn jede Schlacht – und nicht nur die in Cnāmros – zerstört den Frieden.

Ich meine daher, daß man *coscrad rīgi* lesen muß, eine Emendation, die vom paläographischen und phonetischen Gesichtspunkt aus naheliegend ist. Die Schlacht in Cnāmros stellte in der Tat die Zerstörung der Monarchie von Cairpre und seinen Söhnen dar. Dieselbe Junctur (*coscrad rīgi*) findet sich auch LL 1552.

2. *ocus*. Das Kompendium 7 ist hier aller Wahrscheinlichkeit nach als *ocus* zu lesen (das mit *ann* alliteriert).

Text 22

3a–3c u. 5a: Dieses Gedicht unterstreicht zwei miteinander verbundene Hauptbegriffe: (i) Das Klosterleben kommt auch den Nachkommen der edelsten Familien zu, denn (ii) seine Größe ist nicht geringer als die des weltlichen Lebens: Der Abt ist ein Kaiser, und sein Kloster ist ein echtes Reich (kann das auch darauf anspielen, daß die weltlichen Reiche keine echten sind, da sie früher oder später verschwinden?). Ein Interpolator sah sich jedoch in die Notwendigkeit versetzt, Colums gesamte Genealogie *usque ad primum fontem* ausführlich darzustellen, und setzte daher vier Verse (3a–3c u. 5a) hinzu, die unter anderem auch vom Gesichtspunkt der Alliteration aus mangelhaft sind.

4. *ar ba:* Das Subjekt ist noch *Colum* (nach CARNEY 1983 wäre *bunad* dagegen das Subjekt des Satzes und *comarbus* das Prädikat).

5. *fēda:* Dieses Wort wird im allgemeinen als der Genitiv von *fid* „Baum" interpretiert; meiner Meinung nach ist es vielmehr die archaische Form (oder nur eine archaisierende Schreibweise?) von *fiadu* „Herr". *fēda* „Herr" ist auch in der Homilie von Cambrai bezeugt.

GLOSSAR

a Pers.-pron. 3. P. Gen.Sg.m.(len.): *sein(e)*, *ihr(e)*, 11,4.

acher Adj. (o/ā) *grimmig, grausam*: Sg.N.m. 9,2.

acht Praep.m.Akk. *ausgenommen, mit der Ausnahme von*: 1,6b.

adbal Adj. (o/ā) *groß, mächtig*: Aequ.aidblithir 4,2.

ad·daim *gesteht, gibt zu*: Imper.Pl. 3 atmet 11,4.

ad·rími *rechnet, erwähnt*: Pr.Sg. 2 (prototon.) áirmi 7,2.

ainéol m(o) *Unkenntnis*: Sg.G.ainéoil 1,6a.

aire m(k) *Prinz*: Sg.A.airech 12,1.

airegda Adj. (io/iā) *ausgezeichnet*: Sg.G.m.airegdae 22,3c.

airél f(ā) *Bett, Lager*: Sg.N. 19,5.

airgal f(ā) *Kampf*: Sg.G.irgala 19,3.

airged m(u) *Gemetzel, Plünderung*: Pl.D.airgtib 20,1.

airrí m(g) *Vasall*: Sg.G.airríg 16,3.

án Adj. (o/ā) *herrlich, berühmt*: Sg.N.m. 1,2; Sg.N.f. 13,1; Sg.G.m.áin 2,8.

ánblad Adj. (án + blad *Ruhm*) *glorreich*: Sg.N.m. 19,5.

ann s. i.

ánrad m(o) *Kämpe, Prinz, Fürst*: Sg.N.ánrath 19,5.

ánrí m(g) *berühmter König*: Sg.G.ánríg 14,4; 15,1.

ar Konj. *denn*: 22,4.

árchú m(n) *Kriegshund*: Sg.A.árchoin 16,3.

ar·clich *wehrt ab*: Impf.Sg. 3 (rel.) arachliched 20,2.

ar·cridethar *liegt am Herzen*: Pr.Sg. 3 (rel.) arachridethar 19,1.

ard Adj. (o/ā) *hoch, erhaben*: Komp.arddu 1,6b; 4,3.

ardrí m(g) *Großkönig*: Pl.G.ardríg 1,1.

argg m(o) *Held, Kämpe*: Sg.N. 17,4.

arm n(o) *Waffe*: Pl.N.arma 2,7.

árscéo *Gemetzel, Kampf*: Sg.G. 19,5.

art m(o) *Bär*, metaph. *Krieger*: Sg.N. 19,1; Sg.G.airt 20,1.

ascae m(d) *Rivale*: Sg.D.ascaid 19,4.

atá Verb.substant. *ist, befindet sich*: Perf.Sg. 3 ·robe 4,2.

athair m(r) *Vater*: Sg.N. 2,7; Sg.G.athar 2,7.

baíd Adj. (i) *zärtlich*: Sg.N.f. 7,1.

bánán Adj. (o/ā) *rein und herrlich* (bán + án): Sg.N.f. 7,1.

bárc   f(ā) *Boot, Schiff*: Pl.D.bárcaib 8,2.

barr   m(o) *Wipfel*: Sg.N. 11,3.

bith   m(u) *Welt*: Sg.A. 13,2.

bliadain   f(ī) *Jahr*: Pl.G.bliadnae 11,2.

bodbda   Adj. (io/iā) *streitbar, martialisch, kriegerisch*: Sg.N.m. 17,5.

borr   Adj. (o/ā) *mächtig*: Sg.G.m.buirr 20,3.

bráthair   m(r) *Bruder*: Sg.G.bráthar 20,3; Pl.G.bráithre 12,2.

bréoda   Adj. (io/iā) *flammend*: Sg.N.f. 13,1.

bréoid   *zertritt*: Praet.Sg. 3 m.suff.Pron.Pl. 3 bréosius 2,3.

bres   f(ā) *Schlacht*, metaph. *Kämpe*: Sg.N. 13,2; 19,3.

bresta   Adj. (io/iā) *kampfbereit*: Sg.N.f. 20,3.

bríg   f(ā) *Kraft*: Sg.N. 17,5.

brón   m(o) *Schmerz*: Sg.D. 2,2.

bruïd   *zerbricht*: Praet.Sg. 3 m.suff.Pron.Pl. 3 brúisius 2,3.

bruithen   f(ā) *Flamme*: Sg.G.bruithne 7,3.

buadach   Adj. (o/ā) *siegreich*: Sg.N.f. 8,3; Sg.G.m.buadaig 16,4.

buide   Adj. (io/iā) *blond*: Sg.N.f. 7,1.

búire   *Wut*, metaph. *Krieger*: Sg.N. 2,3; 7,3.

bunad   n?(o) *Ursprung, Grundlage, Basis*: Sg.N. 22,4.

cach   Pronom.-Adj., indekl. außer Sg.G.f.; *jeder*: Sg.D.n. 3,4; Sg.G.m. 16,3.

caemna   n?(io) *Gönnerschaft, Patronat*: Sg.N. 11,2.

caín   Adj. (i) *schön, edel*: Sg.N.m. 6,4; 11,2; 20,3; 22,5a; Pl.N.n.caíni 9,3.

caíne   f(ā) *Schönheit, Adel*: Sg.N. 20,1; Sg.G. 15,1.

carpat   m(o) *(Kriegs)wagen*: Pl.D.cairptib 20,2.

cath   m(u) *Schlacht*: Sg.N. 21,1.

cathróe   f. *Schlachtfeld*: Sg.N.o.A. 19,1.

caur   m(d) *Krieger, Held*: Sg.N. 11,3.

ceilid   *verbirgt*: Fut.Pl.1 ·célam 21,1; Praet.Sg. 3 ·celt 3,1.

céis   f. ein Bestandteil der Harfe: Sg.N. 3,1.

cenn   n(o) *Kopf*: Sg.D.cinn 22,7.

céol   n(o) *Musik*: Sg.A. 3,1.

cethrar   m(o) *Vierheit*: Sg.N. 20,3.

clann   f(ā) *Sohn, Nachkomme*: Pl.D.clannaib 14,2.

co   (n-) Konj.m.Ind. *so daß*: 3,2.

co   Praep.m.Akk.; m.Adj.A.n.zur Bild.d.Adv. 18,2.

co   Praep.m.D.(nas.) *mit*: 14,3; 22,3; m.Possess.-pron.Sg. 3 cona 22,6.

cocad   m(u) *Krieg*: Pl.A.coicthe 1,5.

cóem Adj. (o/ā) *lieb*: Sg.N.m. 9,2; 10,1; 20,2.

coíca m(nt) *fünfzig*: Sg.G.coícat 11,2.

comarbus m(u) *das Erbe*: Sg.N. 22,5a.

com·boing *bricht* (= gewinnt): Praet.Sg. 3 combuig 16,4.

comfeb f(ā) *gleicher Reichtum*: Pl.D.comfebaib 10,1.

comlonn m(o) *gleiche Zahl*: Sg.N. 20,4.

condae Adj. (io/iā) *wölfisch, hündisch* (metaph. Wolf, Hund = Krieger): Pl.A.f.conda 8,4.

conn m(o) *Häuptling*: Sg.N. 2,6.

con·oí *schützt*: Pr.Pl. 3 oat (ohne das Präfix!) 9,3.

con·sern *verbreitet*: Praet.Sg.Pass.consreth 3,3.

coscrad m(u) *Zerstörung*: Sg.N. 21,1.

cotá Praep.m.Akk. (co + bedeutungsl. ·tá) *bis zu* 1,5.

cráeb f(ā) *Ast*: Sg.N. 22,1; Pl.G. 22,7.

crínfid m(u) *altersschwacher Baum*: Sg.G.crínfeda 22,1.

crolecht m(u) *blutige Grabstätte*: Pl.D.crolechtaib 14,6.

crothaid *erschüttert*: Praet.Pl. 3 crothsat 8,2.

cruinn Adj. (i) *rundlich*: Sg.N.f. cruind 9,4.

cruitt f(i) u.crott f.(ā) *Harfe*: Sg.D. 3,1.

cuibdius m(u) *Harmonie, Konsonanz*: Sg.N. 3,3.

cuire (io) *Schar, Heer*: Sg.N. 8,1; Sg.G.cuiri 22,7.

cuirithir *setzt, wirft*: Praet.Sg. 3 ·corastar 3,2.

cuitechta f(iā) *Schar, Bündnis*: Sg.N. 8,3.

da m.*zwei*: N. 10,2; 16,4; 18,1.

daig f(i) *Flamme*: Sg.N. 17,2.

daith Adj. (i) *tätig, schnell*: Sg.N.m. 14,5; 15,2.

dál f(ā) *Freigebigkeit, das Anbieten*: Sg.N. 11,1; Sg.G.dáile 11,1.

dánae Adj. (io/iā) *mutig*: Sg.N.f. 7,2.

daurgrainne f(iā) *Eichelkern*: Sg.N. 4,3.

de Praep.m.Dat., (len.) *von, aus*: 1,4; di 5,3; 8,2; 17,3; do („connecting two substantives, of which the latter indicates the source whence the former has come" D 141) 3,1.

deimin Adj. (i) *sicher, zweifelfrei*: Sg.D.demin (Adv.) 9,3.

derg Adj. (o/ā) *rot*: Sg.N. 7,3.

dia m(o) *Gott*: Sg.N. 1,8; Pl.D.deeib 1,8, 4,3.

dian Adj. (o/ā) *schnell*: Sg.A.n. 16,4.

dil Adj. (i) *lieb,wertvoll*: Sg.N.m. 14,4.

dilmaín f(i) *lieber Schatz*: Sg.N. 7,2.

dind n(u) *Hügel*: Pl.N. 9,3.

dóel   Adj. (o/ā) *glänzend*: Sg.N.m. 7,4.

dóen   m(o) *Mensch, Wesen*: Sg.N. 4,3; Pl.D.dóenaib 1,6b.

dóeni   Pl(i) *Menschen*: Pl.G.dóene 5,2; Pl.D.dóenib 1,7.

do·feid   *führt*: Pr.Sg. 3 19,2.

domun   m(o) *Welt*: Pl.D.domnaib 1,7; 5,2.

dorar   n(o) *Schlacht*: Sg.A. 16,4.

doss   m(o) *Baum* (metaph. Eckpfeiler, Gipfelpunkt): Sg.N. 11,1.

do·tuit   *fällt*: Perf.Pl. 3 dorochratar 21,2.

draic   m.u f.(n) *Drache* (metaph. Krieger, schrecklich): Sg.N.drauc
15,2; Pl.N.drecain 18,1.

dron   Adj. (o/ā) *stark, fest*: Sg.N.f. 4,3; 7,1.

eirr   m(t) *Krieger*: Sg.N. 20,2.

eter   Praep.m.Akk.*zwischen*: 3,3.

fáebar   m(o) *Waffenspitze*: Sg.G.fáebair 14,1.

fairgge   f(iā) *Meer, Ozean*: Sg.G. 17,7.

fáth   m(u) *Thema, dichterischer Gegenstand*: Sg.N. 10,2.

fé   Int.*weh*: 14,6.

ferg   f(ā): *Wut*: Pl.A.fergga 8,4.

feuchair   Adj. (i) *unbeugsam*: Sg.N.m. 15,3.

fiadu   m(nt) *Herr*: Sg.N. 17,6; Sg.N.féda 22,5.

fial   Adj. (o/ā) *edel*: Sg.N.m. 11,3; Pl.G.m. 10,2.

fian   f(ā) *Kriegerschar, Bande*: Sg.N. 20,3; Pl.G. 1,6; Pl.A.fiana 19,2.

fiangal   (fian + gal) *tapfer wie eine Kriegerschar*: Sg.N.m. 9,2.

fiche   m(nt) *zwanzig*: Sg.A.fichet 12,1.

fidneimed   m(o) *Heiligtum*: Sg.G.fidnemid 22,5.

fili   m(t) *Dichter*: Pl.G.filed 12,1; Pl.A.fileda 10,2.

fillid   *flektiert, bezwingt*: Praet.Pl. 3 fillsat 8,4.

find   Adj. (o/ā) *weiß, hell, strahlend*: Sg.N.n. 4,1.

fine   f(iā) *Familie, Stamm*: Sg.G. 14,4.

fíne   f(iā) *Weinrebe* (o.fine *Familie?*): Sg.G. 11,3.

fírén   Adj. (o/ā) *richtig, wahrheitsgemäß*: Sg.G.m.firiáin 22,5.

fírḟlaith   f(i) *echtes Königtum*: Sg.G.firḟlatha 22,4.

fírmac   m(o) *echter Sohn*: Pl.N.firmaic 17,1.

fiu   Adj. *würdig*: Sg.N.m. 10,2; Sg.N.n. 12,1.

flaith   f(i) *Königtum*: Sg.A. 1,6.

flaithemda   Adj. (io/iā) *königlich*: Pl.N.m.flaithemdai 10,1.

fland   Adj. (o/ā) *rot, blutig*: Pl.N.m.flaind 9,1.

fo   Praep.m.Dat.u.Akk.(len.) *unter*: 4,2; 5,2; 19,2.

fo·bá   *stirbt*: Praet.Pl. 3 fo (...) bebsat 2,2.

foirrgid   *besiegt*: Impf.Pl. 3 forraigtis 20,3.

follnathir   *herrscht*: Pr.Pl. 3 fallnatar 10,1.

for   Praep.m.Dat.u.Akk. *auf, an*: 1,7; 3,2; 7,4; 14,2; 19,4.

fordarc   Adj. (o/ā) *berühmt*: Sg.A.m. 12,1.

forderg   Adj. (o/ā) *rot, blutig*: Sg.N.m. 14,5.

forlonn   m(o) *Übermacht*: Sg.A. 20,3.

fothad   m(u) *Stütze, Grund*: Sg.N. 15,3.

fri   Praep.m.Akk.*gegen, hin zu, zu, für*: 10,2; 12,2.

fris·gaib   *zügelt*: Impf.Sg. 3 fris (...) gaibed 20,4.

fuire   m(k) *Unterkönig, Prinz*: Pl.G.fuirech 2,2.

gabul   m(o) u. f(ā) *Zweig*: Sg.D.f.gabail 17,3.

gáelaid   *gewinnt, bricht*: Praet.Pl. 3 gáelsit 1,5.

gaibid   *nimmt, erlangt*: Praet.Sg. 3 m.suff.Pron.Sg. 3 f.gabsus 1,6;
   Praet.Sg.3 gabais (for: *herrschte*) 1,7; Praet.Pl. 3 gabsat 1,3.

gáir   n?(i) *Ruf*: Sg.N. 17,2.

gal   f(ā) *Wut*: Sg.G.gaile 1,3.

galgat   f(ā) *Unglück*: Pl.N.galgata 14,1.

galláth   m(o) *Krieger* (vgl. láith gaile 1,4): Sg.N. 4,4.

garg   Adj. (o/ā) *heftig*: Sg.N.f. 17,2.

gelfine   f(iā) *Familie, Nachkommenschaft*: Sg.G. 17,3.

gelmár   Adj. (o/ā) *glänzend*: Sg.D.f.gelmáir 1,7.

giall   m(o) *Geisel*: Pl.A.giallu 18,2.

glan   Adj. (o/ā) *glänzend*: Sg.N.m. 4,4.

glonnach   Adj. (o/ā) *tatenreich*: Sg.N.m. 1,4.

grian   f(ā) *Sonne*: Sg.N. 13,1; Sg.D.gréin 1,7.

gríb   f(ā) *Gerfalke*: Sg.N. 1,6a.

grinne   *Waffenspitze*: Sg.N. 7,4.

gríssach   Adj. (o/ā) *feurig*: Sg.N.f. 13,1.

grith   m(u) *Bewegung*: Sg.N. 14,1.

guirid   *erwärmt*: Pr.Sg.3 (rel.) goires 13,1.

i   Praep.m.Dat.u.Akk.*in*(nas.): hi 14,2; hi 21,1; m.suff.Possess.-
   pron.Pl. 3 inna 1,3; m.suff.Pron.Dat.Sg. 3 n.ann (*dort*) 22,2.

iar   Praep.m.Dat.(nas.)*nach*: 1,6.

iath   n(u) später m(o) u. f(ā) *Land*: Pl.G. 1,5; 1,6a; Pl.A.iatha 5,1.

ilar   n(o) *Vielheit, Vielzahl*: Sg.D.ilur 12,2.

ilblasa   Pl.(u?) *viele Geschmäcke*: Pl.D.ilblasaib 22,6.

in   bestimmter Artikel, m.: 21,1.

indred   n(o) *Einfall, Streifzug, Zerstörung*: Sg.G.indrid 1,6a.

in·otat   *er geht ein*: Perf.Sg. 3 ad·rualaid 5,1.

is   Kopula; *ist*: Pr.Sg. 3 1,8; Imp.Sg. 3 bed 12,1; Praet.Sg. 3 ba 1,1 (2mal); 11,3; 22,4; bu 22,1; Konj.Praet.Sg. 3 (rel.) bed 4,2.

la   Praep.m.Akk.*mit, bei*: m.suff.Pron.Sg. 1 limm 14,6; m.suff. Pron.Sg. 3 f.lee 3,4.

laigid   *liegt*: Pr.Pl. 3 legit 14,3.

láigne   f(ī) *Lanze*: Pl.A. 1,3.

láith   m(i) *Krieger, Kämpe*: Sg.N. 2,4; Pl.N.láithe 1,3; láithi 14,6.

lám   f(ā) *Hand*: Pl.D.lámaib 1,3.

lámthort   n(o) *Handwucht*: Sg.N. 19,3.

lán   Adj. (o/ā) *voll*: Pl.A.f.lána 16,1.

láth   m(o) = láith: Pl.D.láthaib 16,2.

láthraid   *verfügt*: Pr.Sg. 3 (rel.) láthras 13,2.

lecht   m(u) *Grab, Tod*: Sg.A. 11,4.

ler   m(o) *die See, Meer*: Sg.A. 1,5.

lerg   f(ā) *Ufer, Halde*: Pl.D.lerggaib 14,2; Pl.A.lergga 1,5; 16,1.

línaid   *füllt*: Praet.Sg. 3 línais 16,3.

lóeg   m(o) *Kalb* (metaph. *mild, liebenswert*): Sg.N. 2,5.

lóg   n(s) *Lohn, Belohnung*: Sg.D.lóig 3,4.

lóichet   n(nt) *Fackel*: Sg.N. 1,6.

loinges   f(ā) *Exil*: Sg.D. 1,6.

lond   Adj. (o/ā) *grausam, wütend*: Sg.N.m. 2,3; 2,5; Sg.G.m.luind 17,1.

luath   Adj. (o/ā) *schnell*: Sg.N.m. 6,3.

lug   m(u) *Luchs*: Sg.N. 4,1.

macc   m(o) *Sohn*: Sg.N. 1,8; 5,1; 19,2; 22,2; Sg.A. 4,2; Du.N. 10,2; 16,4; Sg.G.meic 22,3b (2mal); 22,3c; Pl.N.maic 6,4; 9,1; 14,4; 15,1 (2mal) Pl.A.maccu 2,8; 20,4.

macdacht   indekl. *im heiratsfähigen Alter* 3,3.

machtaid   *metzelt nieder*: Praet.Pl.Pass.machta 14,3.

maicne   m(io) u. f(iā) *Söhne, Kinderschar*: Sg.A. 7,2.

mairg   Interj.m.(do +) Dat.*weh*: 11,4.

maith   Adj. (i) *gut*: Komp.ferr 12,2.

mál   m(o) *Prinz, Adlige*: Sg.N. 5,1.

mandraid   *zerschmettert*: Praet.Sg. 3 mandrais 2,7.

már   Adj. (o/ā) *groß*: Sg.N.m. 22,6; Pl.N.m. máir 14,4; 15,1; 18,1; Pl.N.f.mára 14,1; Komp.móo 3,4.

marb   m(o) *Tote*; Pl.G. 5,1.

márrí m(g) *Großkönig*: Sg.G.márríg 15,1.

mart m(o) *Tod, Toter*: Pl.N. mairtt 15,1.

mess m(u) *Frucht*: Sg.N. 22,6.

míle f(iā) *tausend*: Pl.N.míli 21,2; Pl.D.mílib 14,3.

mind n, m(o) *Juwel, Reliquie, Eid*: Sg.N. 17,7; Pl.D.mindaib 19,2.

naiscid *fesselt*: Impf.Sg. 3 nascad 18,2.

námae m(nt) *Feind*: Sg.A.námait 19,4.

nár Adj. (o/ā) *großmütig*: Sg.N.m. 6,2; 17,5; 22,2.

nath n. *Lied*: Sg.N. 12,1.

neimnech Adj. (o/ā) *giftig*: Sg.N.f. 19,5.

néit m. *Schlacht*: Sg.G.?. 19,4.

nem n(s) *Himmel*: Sg.G.nime 1,6b; Pl.D.nimib 4,2.

nertmar Adj. (o/ā) *kraftvoll*: Sg.A.n. 18,2.

ni Neg.im unabhäng.Satz *nicht*: 3,1; 4,2; 20,4; 21,1; 22,1.

nia m(d) *Krieger, Kämpe*: Sg.D.niaid 19,4; Pl.G.niad 17,7.

niachmacc m(o) *heldenmütiger Sohn*: Sg.N. 19,6.

niambrao m(n) *strahlender Mühlstein*: Sg.N. 19,5.

níth n(u) *Schlacht*: Sg.G.nítho 17,2.

níthach Adj. (o/ā) *streitbar*: Sg.N.m. 16,3; Sg.G.m.níthaig 18,1.

nóebrí m(g) *heiliger König*: Sg.A.nóebríg 1,6b.

nóediu m/f(n) *Knabe*: Sg.N. 1,1.

noí indekl. *neun*: 14,3.

noos m(o) *Sitte*: Sg.N. 1,1.

ó Konj.*seit*: 1,1.

óchtar m(o) *Gipfel*: Sg.D.ochtur 5,3.

ocus Konj.*und*: 20,2; 21,2.

óen Adj. (o/ā) *allein*: Sg.N.m. 12,2.

óenrí m(g) *unvergleichlicher König*: Sg.N. 1,8.

oirgid *erschlägt, tötet, zerstört*: Praet.Sg. 3 ort 1,2; oirt 2,8; 5,3; 20,1;
   Perf.Sg. 3 roort 19,4.

ollam m(n) *Meister, Herr*: Pl.A.ollamna 9,3.

ór m/n(o) *Gold*: Sg.N. 1,7.

orbdine n?(io) *Erben(gemeinschaft)*: Sg.G. 15,3.

ós Praep.m.Dat.*über, oberhalb*: 1,7; huas 22,7.

rí m(g) *König*: Pl.N.ríg 21,2; Pl.A.ríga 1,2.

ríge n(io) *Monarchie*: Sg.G.rígi 21,1.

ro·laimethar *wagt, tritt entgegen*: Praet.Sg. 3 lámair 16,1.

roth   Adj. (o/ā) *berühmt*: Sg.N.m. 17,6.
rout   m(o) *Wurf*: Sg.N. 1,2.
ruad   Adj. (o/ā) *rot*: Sg.N.m. 6,2; 15,3; Sg.N.n. 2,1.
ruiri   m(g) *König, Feldherr*: Sg.N.ruire 14,5; 15,2; Pl.N.ruirig 9,1.

sab   m.*Kämpe*: Sg.N. 16,3.
sanb   *Plünderer* (?): Sg.N. 2,5; 17,4.
scál   n(o) *übermenschliches Wesen*: Sg.N. 4,1.
scél   n(o) *Bericht*: Sg.A. 14,6.
scéo   Konj.*und*: 1,8; 3,3; 16,2.
sciath   m(o) *Schild*: Sg.G.scéith 4,1.
scíth   Adj. (o/ā) *betrübt*: Sg.N.n. 14,6.
sin   Demonstr.-pron. nach Praep. de ṡin *daraus*: 1,4.
slóg   m(o) *(Krieger)schar, Truppe*: Sg.N. 1,4; Sg.D. 16,1; Pl.D.slógaib
      16,3; Pl.A. sluagu 3,2.
slógadach   Adj. (o/ā) *mit einer Armee versehen*: Sg.N.m. 16,1.
sligid   *zerstört, tötet*: Praet.Sg. 3 selaig 5,2.
sochla   Adj. *berühmt*: Sg.N. 2,6.
sóer   Adj. (o/ā) *frei, edel*: Sg.N.m. 5,1; 17,4; Sg.N.f. 17,5.
sóeracht   *edle Tat*: Pl.D.sóerachtaib 22,3.
srath   m(o) *Ebene*: Pl.A.srathu 5,2.
suanbás   n(o) *tiefer Schlaf*: Sg.A. 3,2.

talam   m(n) *Erde*: Sg.G.talman 5,3.
tocad   m(o) *Glück*: Sg.N. 11,2.
tóebglan   Adj. (o/ā) *mit glänzenden Halden versehen*: Sg.N.f. 9,4.
tonn   f(ā) *Welle, Woge*: Pl.D.tonnaib 8,2.
trebann   m(o) *Krieger, Feldherr*: Sg.N.trebunn 5,4.
trén   Adj. (o/ā) *stark, mächtig*: Sg.N.m. 5,4; Pl.A.m.tríunu 5,3.
tres   Adj. (o/ā) *dritte*: Sg.D.m.trius 17,4.
tri   m.*drei*: 8,3; 8,4; 9,1; 15,1; 17,1; 21,2 (3mal; tri thri *dreimal drei,*
      neun).
tricc   Adj. (i) *schnell, tätig*: Sg.N.m. 17,4.
tricha   m(nt) *dreißig*: Sg.N. 2,2.
tuath   f(ā) *Volk*: Pl.G. 8,1.
tuathmár   Adj. (o/ā) *mit einem großen Volk versehen*: Sg.N.m. 5,4.

hua   m(io) *Enkel, Nachkomme*: Sg.N. 1,2; 1,6a; 2,4; 4;4, 13,2; 19,3;
      19,6; 22,3; 22,3a; Pl.N.huí 8,3; 8,4; 9,1; 14,3; 18,1.
uas   Praep.s.ós.
uas   Adj. *edel*: Sg.G.m.huais 22,3a.
uath   *Schrecken*: Sg.N. 19,4.

BIBLIOGRAPHIE

AHLQVIST A. 1984   = Le testament de Morann, EC 21, 151f.

BADER F. 1969   = Études de composition nominale en mycénien, Roma.

BANNERMAN J. 1966   = Senchus fer n-Alban, Celtica 7, 142f.

BAUERSFELD H. 1933   = Die Kriegsaltertümer im Lebor na hUidre, ZCPh 19, 294f.

BELARDI W. 1972   = Problemi di cultura linguistica nella Grecia antica, Roma.

BENVENISTE E. 1969   = Le vocabulaire des institutions indo-européennes, Paris.

BERGIN O. 1938   = Miscellanea, Ériu 12, 135f.

BERGIN O. 1938a   = On the Syntax of the Verb in Old Irish, Ériu 12, 197f.

BINCHY D. 1954   = Secular Institutions, in Early Irish Society, ed. by M. Dillon, Dublin.

BINCHY D. 1958   = The Date and Provenance of *Uraicecht becc*, Ériu 18, 44f.

BINCHY D. 1960   = IE. $Q^u E$ in Irish, Celtica 5, 77f.

BREATNACH L. 1977   = The Suffixed Pronouns in Early Irish, Celtica 12, 75f.

CAMPANILE E. 1977   = Ricerche di cultura poetica indoeuropea, Pisa.

CAMPANILE E. 1981   = Studi di cultura celtica e indoeuropea, Pisa.

CAMPANILE E. 1984   = Fonti irlandesi per la storia del tardo impero romano, Athenaeum 62, 61f.

CAMPANILE E. 1985   = Sulla genesi dell'irlandese antico come lingua letteraria, in La formazione delle lingue letterarie (Atti del Convegno SIG), Pisa.

CARNEY J. 1964   = The Poems of Blathmac Son of Cú Brettan, Dublin.

CARNEY J. 1971   = Three Old Irish Accentual Poems, Ériu 22, 23f.

CARNEY J. 1978/9   = Aspects of Archaic Irish, Éigse 17, 417f.

CARNEY J. 1983   = The Dating of Early Irish Verse Texts, Éigse 19, 177f.

CARNEY J. 1983a   = A maccucáin, sruith in tiag, Celtica 15, 25f.

DILLON M. 1927   = Nominal Predicates in Irish, ZCPh 16, 313f.

DILLON M. 1968   = The Semantic History of Irish *gal* ‚Valour, Steam', Celtica 8, 196f.

DURANTE M. 1971/6   = Sulla preistoria della tradizione poetica greca (2 Bde.), Roma.

DURANTE M. 1974   = Greco ΚΩΜΟΣ, ant. ind. ŚAṂSA-, Studi Bolelli, Pisa S. 119f.

70 Enrico Campanile

FALAKY NAGY J. 1984 = Heroic Destinies in the Macgnímrada of Finn
and Cú Chulainn, ZCPh 40, 23f.
GREENE D. 1955 = Fingal Rónáin and Other Stories, ed. by D. G.,
Dublin.
GREENE D. 1977 = Archaic Irish, in Indogermanisch und Keltisch,
hgg. von K. H. Schmidt, Wiesbaden, S. 11f.
HAMP E. 1963 = Old Irish scál, Gothic skohsl, Celtica 6, 118.
HAMP E. 1974 = Varia, Ériu 25, 273f.
HULL V. 1949 = Miscellanea Linguistica Hibernica, Lang. 25,
130f.
JACKSON K. H. 1964 = The Oldest Irish Tradition, Cambridge.
JACKSON K. H. 1969 = The Oldest Scottish Poem. The Gododdin, Edin-
burgh.
KELLENS J. 1974 = Les noms-racines de l'Avesta, Wiesbaden.
KELLY F. 1976 = Audacht Morainn, ed. by F. K., Dublin.
LLOYD-JONES 1952 = Geirfa Barddoniaeth Gynnar Gymraeg, rh. VII,
Caerdydd.
LÖFSTEDT E. 1926 = Syntactica, Lund.
MAC CANA Pr. 1973 = On Celtic Word-Order and the Welsh ‚Abnor-
mal‘ Sentence, Ériu 24, 90f.
MAC CANA Pr. 1976 = Two Notes, Celtica 11, 125f.
MAC NEILL J. 1909 = Notes on the Distribution, History, Grammar,
and Import of the Irish Ogham Inscriptions,
PRIA, S. 329f.
MEID W. 1957 = Das Suffix -no- in Götternamen, BNF 8, 72f.
MEID W. 1963 = Zur Etymologie von got. skōhsl, KZ 78, 153f.
MEID W. 1970 = Die Romanze von Froech und Findabair, Inns-
bruck.
MEID W. 1976 = Zur Etymologie des Wortes für „Mensch" im
Irischen, Studies Palmer, Innsbruck, S. 173f.
MEID W. 1978 = Dichter und Dichtkunst in indogermanischer
Zeit, Innsbruck.
MEYER K. 1910 = Fianaigecht, Dublin.
MEYER K. 1911 = Selections from Ancient Irish Poetry, London.
MEYER K. 1911a = Find mac Umaill, RC 32, 391f.
MEYER K. 1912 = Hail Brigit, Halle a. S./Dublin.
MEYER K. 1912a = Zur Bezeichnung des Patronyms im Irischen,
ZCPh 8, 179f.
MEYER K. 1913 = Über die älteste irische Dichtung. I. Rhythmi-
sche alliterierende Reimstrophen, Berlin.
MEYER K. 1913a = Learning in Ireland in the Fifth Century and the
Transmission of Letters, Dublin.
MEYER K. 1914 = Über die älteste irische Dichtung. II. Rhythmi-
sche alliterierende reimlose Strophen, Berlin.
MEYER K. 1916 = Miscellanea Hibernica, Urbana Ill.
MEYER K. 1917 = Orthanach ūa Cōillāma cecinit, ZCPh 11, 107f.
MEYER K. 1919 = Bruchstücke der älteren Lyrik Irlands, Berlin.
MURPHY G. 1956 = Early Irish Lyrics, Oxford.

MURPHY G. 1961 = Early Irish Metrics, Dublin.
O'BRIEN M. 1932 = Varia, Ériu 11, 86f.
O'BRIEN M. 1962 = Corpus Genealogiarum Hiberniae, ed. M. O'Brien Vol. 1, Dublin.
Ó CONCHEANAINN T. 1982 = A Pious Redactor of Dinnshenchas Érenn, Ériu 33, 85f.
O'RAHILLY C. 1977 = Varia, Celtica 12, 185f.
O'RAHILLY Th. 1942 = Notes, Mainly Etymological, Ériu 13, 144f.
O'RAHILLY Th. 1946 = Early Irish History and Mythology, Dublin.
RENOU L. 1956 = Études sur le vocabulaire du Ṛg-Veda, Paris.
ROSS A. 1967 = Pagan Celtic Britain, London/New York.
SCHMIDT K. H. 1957 = Die Komposition in gallischen Personennamen, ZCPh 26, 33f. und 161f.
SCHMITT R. 1967 = Dichter und Dichtersprache in indogermanischer Zeit, Wiesbaden.
SHARPE R. 1979 = Hiberno-Latin *laicus*, Irish *láech* and the Devil's Men, Ériu 30, 75f.
STOKES W. 1899 = The Bodleian Amra Choluimb Chille, RC 20, 30f.
STOKES W. 1900 = O'Mulconry's Glossary, ACL 1, 232f.
STOKES W. 1901 = The Destruction of Dind Ríg, ZCPh 3, 1f.
STOKES W. 1904 = O'Davoren's Glossary, ACL 2, 197f.
THURNEYSEN R. 1920 = Zur keltischen Literatur und Grammatik, ZCPh 12, 284f.
THURNEYSEN R. 1921 = Die irische Helden- und Königsage, Halle a. S.
THURNEYSEN R. 1921a = Grammatisches und Etymologisches, ZCPh 13, 101f.
THURNEYSEN R. 1933 = Colmān mac Lēnēni und Senchān Torpēist, ZCPh 19, 193f.
THURNEYSEN R. 1936 = Allerlei Keltisches, ZCPh 20, 368f.
THURNEYSEN R. 1936a = Heirat, in Studies in Early Irish Law, Dublin/London, S. 109f.
VENDRYES J. 1958 = La destruction de Dind Rig, EC 8, 7f.
WACKERNAGEL J. 1926 = Vorlesungen über Syntax I², Basel.
WAGNER H. 1972 = Beiträge in Erinnerung an J. Pokorny, ZCPh 32, 1f.
WAGNER H. 1977 = The Archaic Dind Ríg Poem and Related Problems, Ériu 28, 1f.
WAGNER H. 1982 = A Syntactical Feature of Archaic O. Ir. Poetry, ZCPh 39, 78f.
WATKINS C. 1963 = Indo-European Metrics and Archaic Irish Verse, Celtica 6, 194f.